추천의 글

장로는 많은데 하나님이 찾으시는 일꾼은 적은 것이 오늘의 현실입니다. 디모데
후서 2장 15절의 "진리의 말씀을 옳게 분별하며 부끄러울 것이 없는 일꾼으로 인
정된 자로 자신을 하나님 앞에 드리기를 힘쓰라"는 말씀에 근거해 하나님과 교회
앞에 모두 충성된 일꾼이 되기를 소원하는 마음에서 장로뿐 아니라 교회 중직을
맡은 모든 분께 이 책을 강력 추천합니다.

장로로서 목사로서 또 가나안농군학교(영남) 설립자이자 세계가나안운동본부
총재로서 충직하게 하나님을 섬겨오신 이현희 목사님이 쓰신 책, 『바른 장로』는
장로들의 모범적인 교과서이며 필독서입니다. 모쪼록 이 책을 통해 저를 비롯한
한국교회의 모든 장로가 다시 한번 자신을 돌아보고 점검하는 계기가 되기를 바
랍니다.

_ 권태현 장로
남부민중앙교회 장로, 청십자신용협동조합 전무

요즈음 한국교회에서 담임목사가 정년을 채우지 않고 은퇴하는 사례를 심심찮게
볼 수 있다. 외형상으로는 '조기 은퇴'라는 아름다운 모습으로 보이지만, 내면을
들여다보면 목사의 어쩔 수 없는 선택이 숨어 있다.

목사와 장로들로 구성된 당회는 담임목사의 입장에서는 언제나 1 대 다수다. 장
로 중 한 명이라도 불만을 나타내면 담임목사의 스트레스 지수가 높아진다. 결국
이를 견디다 못해 조기 은퇴를 단행하는 경우가 있어 안타까움을 더하고 있다.

이러한 상황에서 세계가나안운동본부 총재이자 영남가나안농군학교 설립자인
이현희 목사님의 『바른 장로』가 시의적절하게 출간되었다. 저자는 신학을 공부하
고 목사 안수를 받기 전 장로로서 담임목사님과 교회와 교인들을 섬겼던 분이다.
이번에 출간한 『바른 장로』는 성경 말씀을 바탕으로 저자가 그동안 장로로서 섬

겨온 헌신과 수고의 경험 및 장로의 사명을 자세히 담고 있다.

추천인은 2022년 8월 (재)가나안교육원/영남가나안농군학교 이사장에 취임해 저자와 깊은 관계를 맺으면서 그분의 섬김과 헌신의 방식을 곁에서 지켜보았다. 저자는 리더의 기본인 욕심을 내려놓은 청빈한 삶과 아랫사람에게 지시하기보다는 자신이 먼저 본을 보이는 섬김의 자세를 보여주었다.

저자는 "주님 앞에 드리는 장로의 삶은 더없이 향기로운 제물이 되어 양 떼를 살리고, 교회를 살리고, 이 민족은 물론 자기 자신까지 살리게 될 것"이라고 장로의 본질인 디딤돌 역할을 강조했다. '장로는 누구인가?', '장로의 롤 모델', '장로에게 꼭 들려주고 싶은 이야기'로 구성된 이 책이 교회 성장의 디딤돌이 되려는 장로들에게는 분명 필독서가 되리라 생각한다.

저자는 현재 라오스, 말레이시아, 미얀마, 방글라데시, 인도, 인도네시아, 중국, 캄보디아, 태국 등 세계 15곳에 있는 가나안농군학교를 2025년까지 50개로 늘린다는 계획을 세워두고 있다. 특히 명품 가나안농군학교와 최적의 주변 환경을 활용해 다음 세대의 기독 인성교육 플랫폼인 가나안 대안학교를 설립하겠다는 비전도 품고 있다.

그렇게 바쁜 와중에도 올바른 장로의 삶, 올바른 장로의 신앙 지침서를 발간한 이현희 목사님의 노고에 감사드리며, 한국교회 장로님들에게 『바른 장로』를 적극 추천한다.

_ 김성우 장로

(재)가나안교육원/영남가나안농군학교 이사장, 기쁨교회 장로,
뉴라이프재가복지센터 대표, 전 부산기독교총연합 대외협력총장

"장로는 책망 앞에 겸손한 사람이다. 장로는 목사의 동역자다. 장로는 교사다." 이렇게 시작되는 책 『바른 장로』를 통해 새로운 도전을 받습니다. 평소 저는 저희 교회가 개척부터 부흥, 성장을 거쳐 오늘에 이르기까지 '담임목사님과 원로장로님의 동역의 산물'로 본보기가 되기를 기도하며, 은퇴 장로로서 교회 공동체 사역에 힘쓰고 있습니다.

이 책의 저자 이현희 목사님은 현재 세계가나안운동본부 총재이십니다. 저와는 2001년 4월 5일 시작해 지금까지 이어져온 '세계가나안농군운동본부 장로기도 모임'의 강사로 초빙해 설교 말씀을 통해 큰 감명과 위로, 격려를 나누는 관계입니다.

이현희 목사님은 20년의 장로 생활을 통해 축적된 영성, 지성, 인성을 겸비한 목회자입니다. 시대의 흐름에 올바른 믿음으로 대응하는 직분자의 자세에 대해 깊은 관심을 가지고 바른길로 인도해주시니 저로서는 고마울 따름입니다. 특히 이 책을 통해 김용기 장로님의 가나안 정신을 되새기고, 혼탁한 세태 속에서도 꿋꿋이 앞날을 헤쳐나가는 도전정신과 시대정신을 다음 세대에게 전할 수 있다는 점이 감명 깊게 다가왔습니다.

『바른 장로』라는 제목 때문에 자칫 현직 장로만을 대상으로 한 책으로 생각하기 쉬운데, 실은 이현희 목사님이 장로 직분을 수행하고 목양 사역을 하며 쌓아온 교회 직분자에 대한 기대와 바람을 복합적으로 다룬 책입니다. 그렇기 때문에 장로 직분자들은 물론 앞으로 임직받을 분들과 모든 성도, 목회의 길을 걷는 신학도들에게도 좋은 조언서가 될 것으로 믿고 기쁜 마음으로 추천합니다.

_ 김영명 장로
순복음춘천교회 은퇴 장로, 세계가나안운동본부 장로기도모임 회장,
전 강원도 산림과학원 원장, 전 강원도 산림정책관

평소 존경하는 이현희 목사님이 또 일을 내셨습니다. 이번에는 『바른 장로』입니다. 매번 느끼는 것이지만, 이현희 목사님은 그냥 책상머리에서 글을 쓰는 분이 아니라 현장에서 깊숙이 경험한 삶의 결정체를 끄집어내시는 분이기에 어떤 글보다 설득력이 있고 저절로 고개가 끄덕여집니다. 이번에도 목회자가 되기 전 장로로서 20년을 섬긴, 말 그대로 산 경험을 고스란히 담았습니다.

어떤 문장은 가슴을 쓸어내리게 하기도 했습니다. 머리말에 담긴 "그 결정이 교회의 양 떼들에게 어떤 영향을 미칠 것인가?"라는 질문을 잊지 않는다면 장로들이 제자리를 찾으리라 생각합니다. 또 이 책에는 "장로는 날마다 죽는 사람"이라

는 표현이 나옵니다. 그것은 사실 쉽지 않은 일이지만, 이 책을 읽다 보면 과연 죽을 수도 있겠다, 아니 죽어야겠다는 생각이 들기 시작합니다. 그만큼 이현희 목사님의 글은 마음 밑바닥을 건드리는 강한 힘이 있습니다.

책은 일단 읽기 편하고 쉬워야 합니다. 아무리 내용이 좋아도 읽기가 불편하고 어렵게 느껴지면 책장을 넘기기가 쉽지 않습니다. 그런데 이번 책 『바른 장로』는 역시 이현희 목사님 특유의 글솜씨 덕분에 편하게 술술 읽힙니다. 물론 그렇다고 해서 한 문장도 허투루 넘길 책은 아닙니다. 바른 장로가 되기를 원하는 모든 장로님들, 나아가 장로가 아니더라도 맡은 직분을 잘 행하기를 원하는 모든 분께 이 책을 진심으로 추천합니다. 귀한 책을 허락하신 하나님께 감사드립니다.

_ 노병천 장로
NGO 꿈알월드 회장, 이순신리더십국제센터 교수, 전 나사렛대학교 부총장

『바른 장로』는 기성세대와 MZ세대의 가치관이 충돌하는 이 혼탁한 시대에 예수님을 주로 고백하는 우리가 하나님의 청지기 역할을 어떻게 해야 하는가에 대해 구체적인 지침을 제시하고 있습니다. 이 책이 목사, 장로를 제대로 이해하는 나침반 역할을 할 수 있을 것으로 기대합니다.

저자는 이 책에서 한국 사회의 가장 중요한 문제인 교육에 대해 대안을 제시하고 있습니다. 교회 교육이 교회 안에만 머무를 것이 아니라 능력 있는 다음 세대를 배출해야 한다고 주장하며 가나안 농군학교를 소개하고 있는 점이 특히 인상적입니다.

이현희 목사님은 장로로 봉사하시다가 목사로 부름을 받은 하나님의 청지기입니다. 오랜 경험에서 우러나오는 메시지가 세상에 나오게 된 것을 환영하고 축복합니다. 이 시대에 교회 리더가 되려는 모든 이들에게 널리 읽히기를 소망합니다.

_ 이요섭 장로
부산극동포럼 회장, 구세군 부산교회 정교(장로),
전 한국교육자선교회 부산지방회 회장, 전 경남중학교 교장

바른
장로

바른 장로

발행일 2023년 2월 5일 초판 1쇄

지은이 이현희
발행인 고영래
발행처 미래사CROSS

주소 서울시 마포구 신수로 60, 2층
전화 (02)773-5680
팩스 (02)773-5685
이메일 miraebooks@daum.net
등록 1995년 6월17일(제2016-000084호)

ISBN 978-89-7087-145-5 (13230)

바른
장로

이현희 지음

미래사CROSS

사도 바울이 에베소에서 사역하는 3년 동안 놀라운 일이 벌어진다. 성령이 임하고, 병든 자가 낫고, 아데미 신전 덕분에 먹고살던 술객들의 개종이 잇따른다. 그러자 아데미 신상을 제작하던 직공들이 위기의식에 사로잡혀 소동을 벌인다.

사도행전 20장에는 사도 바울이 에베소교회 장로들에게 했던 고별 설교가 나온다. 이 설교에서 바울은 역동적이었던 아시아 사역을 정리하고 환란과 핍박이 기다리는 예루살렘으로 향하는 각오와 자신이 어떤 마음으로 아시아 사역을 감당했는지를 상세히 보여준다.

"… 아시아에 들어온 첫날부터 지금까지 내가 항상 여러분 가운데서 어떻게 행하였는지를 여러분도 아는 바니 곧 모든 겸손과 눈물이며 유대인의 간계로 말미암아 당한 시험을 참고 주를 섬긴 것과"(사도행전 20 : 18~19)

"오직 성령이 각 성에서 내게 증언하여 결박과 환난이 나를 기다린다 하시나 내가 달려갈 길과 주 예수께 받은 사명 곧 하나님의 은혜의 복음을 증언하는 일을 마치려 함에는 나의 생명조차 조금도 귀한 것으로 여

기지 아니하노라" (사도행전 20 : 23~24)

사도 바울은 또 모진 핍박과 이단·사이비가 횡행할 것이라 경고하며, 에베소교회 장로들을 권면한다.

"그러므로 여러분이 일깨어 내가 삼 년이나 밤낮 쉬지 않고 눈물로 각
사람을 훈계하던 것을 기억하라 지금 내가 여러분을 주와 및 그 은혜의
말씀에 부탁하노니 그 말씀이 여러분을 능히 든든히 세우사 거룩하게
하심을 입은 모든 자 가운데 기업이 있게 하시리라" (사도행전 20 : 31~32)

이 고별 설교를 들은 장로들은 크게 울며 사도 바울에게 고별인사를 한다.
사도 바울이 떠난 뒤 에베소교회는 어떻게 되었을까? 요한계시록 2장에는 에베소교회를 향한 주님의 칭찬과 책망이 동시에 나온다. 수고와 인내, 악한 자들을 용납지 않고 이단 사이비를 드러낸 것, 주님의 이름을 위하여 게으르지 않았던 데 대해서는 칭찬을 받았지만, 주님을 향한 첫사랑을 잃어버린 것에 대해서는 책망을 받아야 했다.

에베소는 바울이 순교한 뒤 사도 요한이 예수님의 어머니 마리아를 모신 곳으로 알려져 있다. 이후 8세기에 있었던 이슬람의 침략으로 현재는 이슬람 사원이 들어서 있고, 기독교 유적은 사도 요한 무덤 교회만 남아 있다. 비록 이렇게 유적으로만 남아 있지만 사도 바울의 삶과 사역을 직접 보고, 고별 설교를 접했던 장로들의 헌신과 수고가 어땠을지는 미루어 짐작할 수 있다.

내가 이 책에서 말하고 싶었던 것도 바로 그런 장로들의 헌신과 수고, 역할에 대한 이야기였다. 장로는 교회의 리더다. 예수님을 대신한 교회의 목자다. 물론 실질적인 목회는 담임목사가 하지만, 장로는 이런 시각을 잃지 말아야 한다.

양 떼들을 살피고, 양 떼들을 위해 희생하고, 양 떼들을 올바른 신앙으로 이끄는 일이 바로 장로 역할의 본질이다. 그런 역할 때문에 목회자와 의견 충돌을 빚을 때도 있다. 때로는 당회가 시끄러워지기도 한다. 그럴 때도 원칙은 늘 양 떼들이다.

그 결정이 교회의 양 떼들에게 어떤 영향을 끼칠 것인가?

장로는 이것 하나만 염두에 두면 길을 잃지 않는다. 나는 목사가 되기 전 장로로 20년을 섬겼다. 목사와 장로는 비록 직분은 다르지만 교회를 위하고 양 떼를 위한다는 본질 면에서는 같다. 그런 일념으로 자신을 주님 앞에 드리는 장로의 삶은 더없이 향기로운 제물이 되어 양 떼를 살리고, 교회를 살리고, 이 민족은 물론 자기 자신까지 살리게 된다고 나는 굳게 믿고 있다.

모쪼록 이 책이 올바른 삶, 올바른 신앙을 고민하는 장로들에게 의미 있는 길잡이가 되기를 바란다.

사람이 마땅히 우리를 그리스도의 일꾼이요

하나님의 비밀을 맡은 자로 여길지어다

그리고 맡은 자들에게 구할 것은 충성이니라

고린도전서 4 : 1~2

Chapter 03   장로에게 꼭 들려주고 싶은 이야기

장로는
누구인가?

장로와 목사,
따로 또 같이

신앙생활을 흔히 나와 하나님의 관계로 여기는 경우가 많다. 물론 맞기는 하다. 하지만 나와 형제 또는 이웃과의 관계도 신앙생활에서 중요한 영역이다. 예수님은 자신을 그리스도로 믿고 따르는 무리를 중심으로 교회를 세우셨다. 따라서 교회에서는 필연적으로 다른 사람들과의 관계가 중요할 수밖에 없다. 당시 교회에는 민족과 세대, 성별, 직분이 다양한 사람들이 혼재했다.

고린도전서 12장은 이런 상황에서 크리스천들이 교회생활을 어떻게 해야 하는가에 대한 원칙을 제시하고 있다. 그것은 바로 몸과 지체의 관계다. 몸통 하나로는 몸이 될 수 없다. 팔과 다리가 있어서 움직여야 한다. 눈과 귀가 있어서 보고 들어야 하고, 내장의 각 부분이 있어서 소화를 시키고 피가 돌게 해줘야 한다. 그다지 쓸모없어 보이거나 너무 작아서 눈에 보이지 않는 세포조차 없으면 몸의 기능에 이상이 생기거나 정상적으로 생활하지 못할 만큼 요긴하다.

여기서 몸과 지체는 그리스도와 그리스도인, 교회와 그리스도인의 관계를 말한다. 고린도전서 12장에서는 특히 은사, 직분, 사역에 대해 말하고 있다. 은사는 다양하지만 성령은 같고, 직분은 다양하지만 주는 같으며, 사역은 다양하지만 하나님은 같다는 것이다(4~6절). 한마디로 말해 다양성 속의 일치라 할 수 있다.

장로의 책임과 권한

이를 목사와 장로에게 적용해보면 이렇다. 목사와 장로는 둘 다 교회의 리더다. 당회나 노회, 총회에서 똑같이 한 표를 행사한다. 노회나 총회에서는 목사와 장로를 가급적 동수로 구성한다. 장로교에서는 말 그대로 장로가 교회의 리더다. 장로는 치리 장로와 강도 장로로 구분한다. 치리 장로는 행정이나 조직을 담당하고 강도 장로는 설교나 목양을 담당한다. 하지만 교회의 리더라는 점에서는 일치한다.

그런데 장로와 목사는 결정적으로 다른 게 있다. 목사는 하나님의 말씀을 전하는 설교를 하고 영적으로 교훈하는 일을 맡고 있다는 점이다. 물론 목사나 장로 모두 교회를 보살피고 교인들을 돕고 위로하는 역할을 한다. 하지만 영적 교훈이나 설교에서 목사가 항상 교회의 리더라는 사실을 잊어서는 안 된다. 같은 점도 있지만 이렇게 명백한 차이점을 장로는 잘 알고 있어야 한다.

사람은 어떤 일을 맡든 자신의 책임과 권한을 분명히 알고 있어야 한다. 그래야 권한을 남용하거나 직무를 유기하지 않는다. 특히 장로의 경우는 더욱 그렇다. 장로가 목사와 어떤 점이 같고 어떻게 다른지를 분명히 알 때 장로 역할을 잘할 수 있다.

장로가 된다는 것은 교회를 위해서 헌신하겠다는 뜻이다. 장로는 교회에서 지위를 차지하고 영화를 누리는 자리가 아니다. 장로가 교회를 위해 존재하는 것이지 교회가 장로를 위해 존재하는 것은 아니다. 장로는 교인들을 대표해 목사와 함께 행정, 재정 등 교회 내의 제반 일을 진행한다. 그러다 보니 목사와 장로가 대등하거나 대립되는 관계라는 착각을 할 때가 많다.

장로는 목사를 견제하는 자리가 아니다. 입법부, 행정부처럼 서로 감시하고 견제하는 역할이 아니라 협력하는 자리다. 어떻게 하면 교회를 교회되게 할 수 있을지, 어떻게 하면 교회가 부흥할 수 있을지를 함께 머리 맞대고 기도하며 손잡는 자리인 것이다.

물론 그렇게 하다 보면 본의 아니게 쓴소리를 해야 할 때가 있고, 그래서 긴장감이 조성될 때도 있다. 그때도 과연 이것이 교회를 위한 일인지, 과연 나는 장로로서 하나님 앞에 바로 서 있는지 끊임없이 스스로 점검하고 자기성찰을 해야 한다.

그런데도 제직회나 당회에서 긴장감이 높아지고 감정 섞인 말이 오가는 상황이 발생할 때는 모임을 중단하고 다음으로 연기하는 것도 좋은 방법이다. 사람은 감정의 동물인지라 감정이 격화된 상황에서는 이성적 판단과 신앙적 관점을 유지하기 어렵기 때문이다. 때로 순간적인 감정의 격화가 조금 누그러지고 나면 오해 또는 개인의 불찰로 귀결되는 경우도 있다. 교회는 어떤 상황에서도 평화와 은혜를 추구해야 한다. 교회의 머리이신 예수님이 평화의 왕이시고, 교회는 은혜의 공동체이기 때문이다.

목사와 장로가 결정적으로 다른 점은 목사는 성직자이고 장로는 평신도라는 것이다. 설교를 하고 영적 교훈을 주고 성찬식과 세례식을 집례하는 일은 목사만이 할 수 있다. 그래서 장로는 평신도인 것이다. 물론 간혹 장로가 설교를 하거나 영적 교훈을 주는 역할을 맡을 때도 있지만 이는 예외에 해당한다. 목사와 장로는 성직자와 평신도로 뚜렷이 구분된다.

교회를 위해 헌신하고 치리하는 것이 장로의 역할이니 목사와 장로는 동등하다고 생각하면 착각이다. 성경의 원리는 그렇지 않다. 성경은 동등한 게 아니라 다르다는 것, 그 다름 속에서 교인들을 섬기고, 그렇게 함으로써 몸된 교회를 세워가는 것임을 가르치고 있다.

"그가 어떤 사람은 사도로, 어떤 사람은 선지자로, 어떤 사람은 복음 전하는 자로, 어떤 사람은 목사와 교사로 삼으셨으니 이는 성도를 온전하게 하여 봉사의 일을 하게 하며 그리스도의 몸을 세우려 하심이라"(에베소서 4 : 11~12)

나는 어떤 장로인가?

장로는 목사가 지도력을 잘 발휘할 수 있도록 돕고 협력하는 역할을 해야 한다. 그런 역할을 잘하는 장로라면 진정 큰사람이라고 할 수 있다. 목사가 교회에 더욱 헌신할 수 있게 해주는 장로, 목사가 교인들을 더 잘 돌볼 수 있게 지지해주는 장로가 훌륭한 장로다. 목사에게 자꾸 "내 말 들으라"고 하는 장로, 목사가 교회에 헌신하는 것을 가로막는 장로는 바람직하지 못한 장로다. 물론 목사가 장로를 향해 그런 자세를 보인다면 그것도 잘못이다.

간혹 목사가 피곤하고 힘들어 보일 때는 "하루 정도 기도하며 지내시라"고 여유를 줄 수 있는 장로가 돼야 한다. 사실 목사만큼 피곤한 직업도 드물다. 교회 규모가 어느 정도 되면 상을 당한 곳에는 무조건 가야 하고, 심지어 가족 잔치나 개업 때도 참석해야 한다. 그러니 성경을 연구하거나 설교를 준비할 시간이 부족하다. 장로는 그런 목사의 상황을 잘 살펴야 한다.

부흥하는 교회를 보면 하나같이 장로가 이런 점을 잘 살피는 교회였다. 우리 모두 예수님의 제자지만 인간관계에서도 제자가 될 수 있다. 목사의 제자가 되는 것이다. 그래서 목사와 소통하고 서로 신뢰하게 되면 장로는 목사와 교인들의 통로 역할을 더 잘할 수 있다. 그렇게 되면 교회는 훨씬 유기적으로 부드럽게 성장해나간다.

교회는 영적인 사람들이 모이는 곳이다. 말하지 않아도 성도들은 다 아는데, 정작 장로는 그 사실을 모른다. 교인들이 장로 위에 있는데 장로는 그 사실을 모른 채 그야말로 착각 속에 헤매는 것이다.

목사에게 가장 힘들 때가 언제인지 물어보면 대체로 "정말 좋은 교인, 정말 좋은 장로님이 돌아가셨을 때"라고 대답한다. 장로 또한 눈물로 장례 예배를 집례하면서 "왜 이런 분이 가시냐?"고 슬퍼할 수 있어야 한다.

장로로서 나는 지금 교회에서 어떤 모습인가?

나는 하나님께서 교회에 세우신 다양한 직분과 은사를 인정하고 있는가? 나는 교회 건축의 벽돌 한 장이 되겠다는 마음인가, 아니면 내가 없으면 교회가 무너지고 마는 기둥이 되겠다는 마음인가?

장로 직분을 앞에 둔 이들이 스스로 겸허하게 점검해봐야 할 질문들이다.

02

장로는 목자다

흔히 교회에서는 '목자＝목사'라는 공식이 통한다. 그래서 목사가 교인들을 먹이는 목자이니 다른 직분자들은 교인들에게 별로 관심을 가지지 않아도 된다고 생각한다. 이런 생각은 일부 맞고 일부는 틀리다. 목사가 목자인 것은 누구나 다 인정하지만, 목사가 아닌 목자가 또 있다. 바로 장로다. 장로는 교회에서 근엄한 표정으로 목에 힘주고 회의 때 한마디씩 하는 직분이 아니다. 장로는 바로 목자다.

사도행전에는 사도 바울이 에베소에서의 3년 사역을 마치며 장로들을 모아놓고 나누는 고별인사가 나온다.

"여러분은 자기를 위하여 또는 온 양 떼를 위하여 삼가라 성령이 그들 가운데 여러분을 감독자로 삼고 하나님이 자기 피로 사신 교회를 보살 피게 하셨느니라 내가 떠난 후에 사나운 이리가 여러분에게 들어와서 그 양 떼를 아끼지 아니하며" (사도행전 20 : 28~29)

여기에서 장로의 역할은 분명하다. 양 떼, 즉 교회를 보살피는 일이다. 양 떼를 보살핀다는 말에는 여러 가지 뜻이 함축되어 있다. 맛있는 꼴을 먹이는 것이고, 서로 간의 충돌을 막아주는 것이고, 사나운 짐승에게서 지키는 것이다.

특히 사도행전 20장에서 사도 바울이 걱정하고 있는 것은 자신이 떠난 뒤 에베소교회에 닥칠 핍박 또는 이단의 침입이다. 그렇게 되면 교인들이 입을 피해가 불을 보듯 뻔하기 때문이다. 장로에게는 바로 그런 일을 막아야 할 책임이 있다. 장로는 양 떼를 위해 존재하는 목자이기 때문이다.

장로는 양 떼를 위한 존재

예수님도 자신을 목자라고 소개하셨다. 그런데 그냥 목자가 아니라 양들을 위해 목숨을 버리는 목자, 즉 예수님 자신의 죽음에 대한 암시를 담고 있었다.

"나는 선한 목자라 선한 목자는 양들을 위하여 목숨을 버리거니와" (요한복음 10 : 10)

"나는 선한 목자라 나는 내 양을 알고 양도 나를 아는 것이 아버지께서 나를 아시고 내가 아버지를 아는 것 같으니 나는 양을 위하여 목숨을 버

리노라"_(요한복음 10 : 14~15)

예수님은 온 인류의 죄를 짊어지시고 온 인류를 구원하시기 위해 십자가에서 죽으셔야 했다. 그래서 예수님은 온 인류의 선한 목자이신 것이다.

반면 삯꾼은 어떠한가. 삯꾼은 목자가 아니다. 겉으로는 목자인 척하지만 양 떼에는 관심이 없고 제 잇속만 챙기는 것이 바로 삯꾼이다. 삯꾼이 양 떼를 대하는 방법을 예수님은 이렇게 설명하신다.

"삯꾼은 목자가 아니요 양도 제 양이 아니라 이리가 오는 것을 보면 양을 버리고 달아나나니 이리가 양을 물어 가고 또 헤치느니라"_{(요한복음}

_{10 : 12)}

결국 삯꾼에게 맡겨진 양 떼는 비참한 최후를 맞을 수밖에 없다.

예수님은 선한 목자와 삯꾼을 선명하게 대조하신다. 선한 목자는 양들이 따르고, 양들은 우리를 드나들며 풍성한 꼴을 얻는다. 양도 목자를 알고 목자도 양을 안다. 반면 삯꾼은 양들이 따르지 않는다. 목소리만 듣고도 낯설고 무서워서 도망간다. 결정적으로 위기의 때에 목자와 삯꾼의 차이가 선명히 드러난다. 목자는 양 떼의 편에서 끝까지 양 떼를 지키는 반면, 삯꾼은 자기 잇속만 차리느라 양 떼를 버리고 만다.

나는 과연 선한 목자일까, 삯꾼일까? 이 질문에 아마 대부분은 '선한 목자'라고 대답할 것이다. 사람은 누구나 자기합리화의 명수이기 때문이다. 요한복음 10장에 나오는 예수님의 비유에서처럼 자신을 '선한 목자'라고 당당히 주장할 수 있는 사람은 교회 안에 없다. 아무리 헌신적이고 순전해 보여도 인간은 티끌만큼의 이기적인 모습을 모두 간직하고 있기 때문이다.

그러니 스스로 선한 목자가 되려 애쓰기보다는 오히려 삯꾼이라는 것을 인정하고 회개하는 건 어떨까. 나의 이기심, 나의 나약함으로 선한 목자의 경지에 이르는 것은 불가능에 가깝다. 그보다는 내 속에 넘치는 이기심, 나도 모르는 삯꾼 DNA를 깨닫고 회개하는 것이 오히려 선한 목자에 이르는 첩경이 아닐까.

차라리 삯꾼임을 인정하라

예수님도 건강한 사람이 아니라 병든 사람, 의로운 사람이 아니라 회개가 필요한 죄인을 찾아 이 땅에 오셨다고 했다. 그런데 나는 너무 건강하려고 하는 건 아닐까? 나는 보무도 당당한 의인이 되려고만 하는 게 아닐까?

예수님도 아마 너무 건강한 사람, 너무 의로운 사람에게는 거부감을 가지셨던 것 같다. 사람도 마찬가지다. 건강하고, 부족함이 없어 보이고, 잘못은 하나도 없이 '나 잘난' 사람에게서 인간미가 느껴질까? 전혀 그렇지 않다. 그들은 정말 찔러도 피 한 방울 날 것 같지 않다. 반면 어딘가 부족해 보이고, 연약해 보이고, 수그러드는 사람에게서는 더 가까이 다가가고 싶은 인간미가 뿜어져나온다.

성인^{聖人}과 죄인은 종이 한 장 차이라고 하지 않는가. 그 말은 성인도 죄를 지으면 죄인이 될 수 있다는 뜻도 되지만, 죄인도 회개하면 얼마든지 성인이 될 수 있다는 뜻이기도 하다. 성경을 봐도 위대한 인물은 모두 처음부터 끝까지 잘했던 사람들이 아니다. 죄 짓고 회개하고 하나님의 은혜를 입고 나서야 비로소 위대함에 이르는 것이다.

실수투성이였던 아브라함이 그랬고, 고집부리던 모세가 그랬고, 범죄를 연발한 다윗이 그랬다. 우리는 늘 성경을 보며 위인들의 멋진 이야기, 싸움에서 이긴 이야기, 하나님께 축복받은 이야기, 성공한 이야기에 집착하는 경향이 있다. 이제부터 관점을 살짝 바꿔보라. 그들이 실수한 이야기, 그들이 범죄한 이야기, 그들의 지지리도 못난 이야기……. 거기에 엄청난 하나님의 은혜와 사랑이 함께하고 있음을 깨닫게 될 것이다.

꼭 명심해야 할 것이 있다. 장로는 목자이자 양이라는 사실이다. 우리는 영원한 양이고, 예수님은 우리의 영원한 목자시다. 이 정체성을 잃어버리면 어느새 삯꾼이 되어 있을 가능성이 높다. 내가 목자든 목자가 아니든 모든 기독교인의 정체성은 바로 시편 23편이다. 내가 누구든 지금 어느 위치에 있든 상관없이 우리는 *끊임없이* 영혼의 고향과도 같은 시편 23편으로 돌아가야 한다.

"야훼는 나의 목자, 아쉬울 것 없어라. 푸른 풀밭에 누워 놀게 하시고 물가로 이끌어 쉬게 하시니 지쳤던 이 몸에 생기가 넘친다. 그 이름 목자 이시니 인도하시는 길, 언제나 곧은 길이요, 나 비록 음산한 죽음의 골짜기를 지날지라도 내 곁에 주님 계시오니 무서울 것 없어라. 막대기와 지팡이로 인도하시니 걱정할 것 없어라. 원수들 보라는 듯 상을 차려주시고, 기름 부어 내 머리에 발라주시니, 내 잔이 넘치옵니다. 한평생 은총과 복에 겨워 사는 이 몸, 영원히 주님 집에 거하리이다.〞(공동번역)

장로는 목자다. 장로가 양 떼를 위해 존재하는 것이지 장로를 위해 양 떼가 존재하는 것이 아니다. 그것이 성경적 리더십의 원리다. 철저히 양 떼를 위하는 것, 그것이 장로의 존재 이유다. 거기에 골몰하고 거기에 헌신할 때 하나님께서는 그 장로를 더욱 멋진 목자로 세워주실 것이다.

장로는 또한 양 떼다. 다른 양 떼들과 함께 우리의 영원한 목자이신 예수님을 따르는 자다. 장로는 다른 양 떼와 구별되는 존재가 아니라 똑같은 양 떼다. 다만 양으로서 양 떼를 돌보는 역할을 잠깐 맡았을 뿐이다. 장로는 양 떼를 위해 있는 존재다.

03

장로는 교사다

대부분 교육은 특별한 능력이나 자격이 있어야 한다고 생각한다. 그 분야를 잘 알아야 하는 것은 물론, 말을 잘해야 하고 전문 자격증도 있어야 하는 것은 맞다. 하지만 기독교에서의 교육은 비슷하면서도 다르다.

기독교 교육의 핵심은 복음이다. 복음은 무엇인가? 불 같고 물 같은 것이다. 복음은 끊임없이 번져가고 흘러간다는 속성이 있다. 복음이 지닌 생명력 때문이다. 그래서 복음을 처음으로 마음속에 받아들인 사람은 여기저기 소문을 낸다. 들려주고 싶은 말이 생기는 것이다. 그것이 전도이고 교육이다.

예수님의 3년 반 공생애는 끊임없는 교육의 연속이었다. 제자들을 가르치고, 무리를 가르치고, 유대인들과 논쟁을 벌이셨다. 그러면서 『구약성경』의 의미, 자신이 이 땅에 온 목적을 때로는 비유를 통해 때로는 직설적인 화법으로 때로는 행동으로 직접 보여주셨다. 이것이 바로 교육이다.

잘 돌본다는 것은 잘 가르친다는 것

장로는 목자라고 했는데, 목자의 임무 중 하나가 교육 곧 가르침이다. 사실 잘 돌본다는 것에는 잘 가르친다는 의미도 내포되어 있다.

『신약성경』디도서는 크레타섬에서 목회해야 하는 자신의 영적 아들 디도에게 주는 사도 바울의 편지다. 디도는 크레타섬의 각 성읍마다 장로를 세우는 임무를 부여받았다. 그 장로는 흠잡을 데가 없고, 한 아내의 남편이고, 자녀를 잘 양육할 것 등의 조건을 갖춰야만 했다.

그런데 크레타 사람들은 좀 유별났던 것 같다. 어느 예언자의 묘사에 따르면 크레타 사람은 거짓말을 잘하고, 악한 짐승 같고, 먹는 것밖에 모르는 게으름뱅이였다(디도서 1 : 12). 이런 사람들을 대상으로 어떻게 장로를 세우고, 그 장로는 이들을 어떻게 가르쳐야 할 것인가? 그것이 디도가 크레타섬에서 감당해야 할 사역의 핵심이었다.

그렇다면 장로는 무엇을, 어떻게 가르쳐야 할까?

먼저 '무엇을'부터 살펴보자. 교사를 하려면 배워야 한다. 그래서 교사 강습회도 있다. 그런데 여기서 간과해서는 안 되는 것이 있다. 우리가 가르치려는 것은 기술이 아니라 성경 말씀과 하나님의 은혜라는 점이다. 그것을 가르치기 위한 방법으로 기술이 필요한 것이지 기술이 가르침의 내용이고 전부인 것처럼 오해해선 안 된다는 말이다.

우리가 가르치려는 내용의 핵심으로 디도서는 하나님의 말씀을 강조하고 있다.

"신실한 말씀의 가르침을 굳게 지키는 사람이라야 합니다. 그래야 그는 건전한 교훈으로 권면하고, 반대자들을 반박할 수 있을 것입니다." (디도서 1 : 9 | 공동번역)

교사를 흔히 말 잘하는 사람 정도로 이해하는데 이는 큰 오해다. 교사는 말만으로 되지 않는다. 말하려는 내용이 중요하다. 디도서는 그것이 하나님의 말씀이라고 제시한다. 그 말씀을 듣고 아는 데 그치는 것이 아니라 그 말씀을 굳게 지키는 사람이라야 장로의 자격이 있고, 가르칠 수 있다는 것이다. 하나님의 말씀을 굳건히 지키는 사람만큼 영향력이 큰 교사는 없다.

또 하나는 하나님의 은혜다. 디도서 2장에는 이런 말씀이 나온다.

"모든 사람에게 하나님의 구원의 은혜가 나타났습니다. 그 은혜는 우리를 교육하여, 경건하지 않음과 속된 정욕을 버리고, 지금 이 세상에서 신중하고 의롭고 경건하게 살게 합니다." (디도서 2 : 11~12 | 공동번역)

하나님의 (구원의) 은혜가 우리를 교육한다는 말씀이다. 하나님의 은혜가 우리를 교육해 의롭고 경건하게 살게 한다고 말씀하고 있다. 하나님의 은혜가 교육의 핵심 내용이라는 뜻이다. 따라서 하나님의 은혜를 맛본 사람은 훌륭한 교사의 자질을 갖춘 것이다. 장로는 바로 이런 하나님의 은혜를 맛보고 먼저 교육받은 사람이어야 한다는 것이다.

다음은, '어떻게'다. 장로는 과연 어떻게 가르치는 사람이어야 할까?

가장 효과적인 교육방법은 말이 아닌 삶

먼저 모든 일에 모범이 되어야 한다. 교육방법 가운데 보여주는 것보다 더 확실한 것은 없다는 말이 있다. 이것은 요즘 유행하는 유튜브 같은 영상으로 보여준다는 뜻이 아니라 삶으로 보여주는 것을 말한다.

> "그대는 모든 일에 선한 행실의 모범이 되십시오. 가르치는 일에 순수하고 위엄 있는 태도를 보여야 합니다." (디도서 2:7 | 공동번역)

말이 먼저가 아니라 삶이 먼저다. 삶으로 모범이 될 때 말은 비로소 설득력을 가진다. 삶으로 보여줄 때 말은 훨씬 더 효과적인 교육 수단이 된다. 반대로 말로는 번지르르하게 가르치는데 삶은 전혀 그렇지 못할 때 그 교육은 역효과를 내기 마련이다. "너나 잘하세요", "기독교인은 말만 잘하더라" 하면서 기독교를 더 멀리하게 되는 것이다. 그러므로 삶만큼 효과적인 교육방법은 없다.

말로 가르칠 때는 책잡힐 데 없이 건전할 말을 사용해야 한다. 유행을 따른다고 비속어를 남발할 경우 역효과를 가져올 수 있다. 비속어가 그 교육의 내용인 하나님 말씀의 가치까지 떨어뜨리는 것이다.

가르치다 보면 종종 논쟁이나 비방으로 끝날 때가 있다. 교육의 내용과 관련 있는 질문이나 논평에 대해서는 우선 열린 마음으로 "참 좋은 질문입니다", "아, 그런 측면이 있었군요. 미처 생각지 못했습니다" 하고 받아주어야 한다.

그렇게 상대방에게 존중받는다는 느낌을 갖게 해야 한다. 누구라도 자신이 존중받지 못한다고 느낄 때 그 자리에 남아 있기는 어려울 것이다. 그런 반면, 자신이 존중받는다고 느끼는 사람은 그 자리를 떠날 수 없을 것이다. 이러한 관용과 온유의 자세는 비방하려는 자들을 굴복시키고 마침내 그들을 하나님의 인자와 사랑 가운데로 인도한다(디도서 3 : 2~5).

하나님의 말씀과 은혜는 우스갯소리나 가벼운 농담거리가 될 수 없다. 아이스 브레이킹ice breaking처럼 잠깐 분위기 전환을 위해 던지는 말이 될 수도 없다. 하나님의 말씀과 은혜는 한 영혼을 살리느냐 마느냐를 결정한다. 따라서 분명하고 힘있게 말해야 하며, 당연히 그럴 수밖에 없다.

디도서 3장에서는 우리가 예수 그리스도의 은혜로 의롭게 되었고 하나님 나라의 상속자가 되었다고 말씀하면서 이렇게 강조하고 있다.

"이 말은 참됩니다. 나는 그대가, 이러한 것을 힘있게 주장해서, 하나님을 믿는 사람으로 하여금 선한 일에 전념하게 하기 바랍니다. 선한 일은 아름다우며, 사람에게 유익합니다." (디도서 3 : 8 | 공동번역)

예수님의 은혜로 의롭게 되고 하나님 나라의 상속자가 된 것이 팩트이고, 이는 너무나 중요한 내용인 만큼 힘있게 가르치라는 것이다. 만약 이 분명하고 중대한 이 내용을 가르치는 사람이 아무런 확신도 없이 "그럴 수도 있고 아닐 수도 있고", "그랬으면 좋겠다"는 식으로 가르친다면 어떨까? 듣는 이에게 아무런 감흥이나 변화를 줄 수 없을 것이다. 따라서 팩트에 맞게, 의미에 맞게 분명하고 힘있게 가르치는 것이 장로인 교사의 역할이다.

> "그대는 권위를 가지고 이것들을 말하고, 사람들을 권하고 책망하십시오.
>
> 아무도 그대를 업신여기지 못하게 하십시오." (디도서 2 : 15 | 공동번역)

장로로서 훌륭한 교사가 되는 방법은 하나님의 말씀을 굳게 지키고, 날마다 하나님의 은혜를 맛보고, 자신이 깨닫고 경험한 하나님의 말씀을 힘있게 전하는 것이다.

04

장로는 책망 앞에
겸손한 사람이다

우리나라의 대표 장로교단의 헌법을
보면 장로 자격을 다음과 같이 규정하고 있다.

* 상당한 식견과 통솔의 능력이 있는 자로, 무흠 세례교인(입교인)으로
  7년을 경과하고 40세 이상 된 자라야 한다.(통합)
* 만 35세 이상 된 남자 중 입교인으로 흠 없이 5년을 경과하고 상당한
  식견과 통솔력이 있으며 디모데전서 3 : 1~7에 해당한 자로 한다.(합
  동)
* 35세 이상 65세 이하의 남자 입교인으로 무흠하게 7년을 경과한 자로
  한다.(고신)

이 규정의 '무흠'에 대해서는 각 교단별로 해석이 분분하고 복잡하므로
이와 관련한 성경 말씀을 제시하는 것으로 대신하려 한다. 무흠無欠은 말

그대로 흠이 없다는 뜻이다. 장로도 사람인데 너무 고결한 느낌을 주는 단어를 사용한 것 같다. 아무래도 하나님의 교회에서, 하나님의 사역을 해야 할 사람이기 때문에 이런 단어를 사용하지 않았나 싶다. 그렇다면 성경은 이 무흠과 관련한 장로의 자격을 어떻게 말씀하고 있을까?

디도서 1장 6절과 디모데전서 3장 2절을 보면 '책망할 것이 없는 사람'이다. 그런데 이 말씀도 '책망할 것이 없는 사람'(개역개정/현대인의성경), '흠잡을 데가 없는 사람'(공동번역/새번역), '떳떳한'(NIV/KJV) 등 성경 번역판별로 약간씩 뉘앙스가 다르다.

신앙은 안에서도 밖에서도 반듯하다

한마디로 도덕적으로나 신앙생활에서 타인에게 흠잡힐 데가 없는 사람을 의미한다고 할 수 있다. 흠 없는 자를 일꾼으로 세우는 것은 교회뿐만 아니라 모든 공동체에서 어쩌면 당연한 일이다. 흠 있는 자가 일꾼이 되어 공동체를 이끈다고 해봤자 사람들이 제대로 따를 리 없고, 그런 공동체가 제대로 설 리 없기 때문이다.

흠이 없다는 것은 사적·공적 영역에 모두 해당하는 것이다. 사실 여기서 분명히 짚고 넘어갈 것이 있다. 신앙에는 사적 영역, 공적 영역의 구분이 있을 수도 없고 있어서도 안 된다는 점이다. 신앙이 집에서는 엉망인데 집을 벗어나 교회에서는 온전해진다? 어불성설이다. 그런 신앙은 없다. 올바른 신앙은 집에서도 반듯하고 집 밖에서도 반듯하다. 집에서든 밖에서든 반듯하지 않다면 그것은 신앙이 아니다.

우리가 믿는 하나님은 중동의 이스라엘만 사랑하시지 않는다. 하나님은 이스라엘을 비롯한 온 열방의 하나님이시고 온 우주의 주인이시다. 우리가 믿는 하나님은 교회에서 경배와 찬양을 받으시는 분이지만, 교회 밖에서도 모든 만물의 찬양과 경배를 받으시는 만유의 하나님이시다. 그러니 사적 영역과 공적 영역, 교회와 세상을 구분 지으며 하나님의 영역을 좁히는 것은 하나님을 제대로 모르는 무지한 신앙이다. 성경이 장로의 자격 중 하나로 교회 밖 사람들의 평판을 넣은 이유도 바로 여기에 있다고 생각한다.

"또한 외인에게서도 선한 증거를 얻은 자라야 할지니 비방과 마귀의 올무에 빠질까 염려하라." (디모데전서 3 : 7)

교회 안에서는 칭찬을 받는데 교회 밖에서는 비방을 받는다? 그렇다면 교회에 문제가 있는 것이다. 교회 안에서 칭찬을 받는 일꾼이라면 교회 밖에서도 칭찬을 받는 것이 자연스러운 일이기 때문이다.

사실 교회 안에서는 장로요 집사요 목사인 사람이 교회 밖에서 비난받는 일을 우리는 언론을 통해 무수히 봐왔다. 그것은 일꾼을 잘못 세운 결과다. 교회에서 세우는 일꾼의 기준은 무흠, 즉 도덕적으로나 인격적으로, 공석·사석의 생활에서 책잡힐 만한 게 없는 사람이다. 단지 그가 유명하다고 해서, 학벌이 높고 재산이 많다고 해서 일꾼으로 세운다면 결국 교회를 무너뜨리는 부메랑으로 돌아올 수밖에 없다.

예수님은 열두 제자를 세우실 때 산에서 밤새 하나님께 기도하셨다. 무엇을 기도하셨을까? 자신을 대신할 제자의 기준이 뭔지 하나님께 구하고, 그 기준에 따라 한 명씩 이름과 얼굴을 떠올리셨을 것이다. 그렇게 해서 베드로, 요한, 안드레 등 열두 제자를 세우셨다. 그렇게 세워진 제자들은 하나같이 자신의 역할을 충성스럽게 감당했다. 심지어 가룟 유다조차 성경 말씀을 이루는 일에 충성을 다했다.

그런데 일꾼을 세우는 우리의 기준은 너무 모호하고 복잡하다. 앞에서 말한 예장통합의 경우 무흠의 기준이 그렇고 장로 선거제도가 그렇다. 장로는 전교인 대상 투표수의 3분의 2를 득표해야 하며, 투표는 3차례까지만 할 수 있다. 그래서 교회마다 장로를 뽑을 때 1, 2, 3차례 선거공고가 나는 것을 어렵지 않게 볼 수 있다. 3차까지 가서도 장로를 뽑지 못하는 경우가 다반사다. 그래서 인품이나 사람 됨됨이보다는 유명한 사람, 재력과 권력 있는 사람이 장로가 될 가능성이 높은 것이다.

무흠은 무결점이 아니다

장로의 자격인 '무흠'은 도덕적으로 완벽하다는 뜻이 아니다. 인격적으로 훌륭하고, 공석·사석의 생활에서 큰 물의를 일으키지 않았을 정도면 자격이 충분하다고 할 수 있다. 무흠을 무결점, 즉 죄가 없다는 것으로 해석해서는 곤란하다. 그런 사람은 이 세상에 한 명도 없을 것이기 때문이다.

또한 장로가 된 사람이나 장로가 될 사람이 누군가에게 책망이나 비난을 받을 경우, 장로는 그것을 반박하고 같이 맞받아치는 일은 피해야 한다. 오히려 그 책망과 비방을 겸손하게 받아들이는 자세가 필요하다. 물론 책망과 비난을 받는 것이 억울하게 여겨질 수도 있지만, 일단은 겸손하게 그런 지적을 수용하고 자초지종을 들으려는 자세가 필요하다. 그렇게 하면 오해가 풀리고, 오히려 존경을 배로 받는 계기를 만들 수 있다.

또한 그 책망과 비난이 대부분 맞는 말일 때는 "맞습니다. 제가 흠이 많습니다. 더 겸손히 섬기겠습니다" 하고 더 겸손하게 수용해야 한다.

성경 속 지도자들도 모두 흠이 많았지만, 그들은 하나같이 그 흠 때문에 하나님께 더 가까이 나아갈 수 있었고, 위대한 지도자가 될 수 있었다. 실상 우리 모두는 하나님 앞에서 죄인들이 아닌가. 그런 취지로 나를 비방하고 책망하는 사람을 품을 수 있다면 그것이야말로 훌륭한 장로의 자질이라 생각한다.

선거 때나 고위공직자 청문회 장면을 떠올려보라. 거짓 학위나 논문, 심지어 세금 체납, 음주운전, 부동산 투기까지 여지없이 드러나고 만다. 그때 중요한 것은 딱 잡아떼는 것이 아니라 겸허하게 사실을 인정하고 책임지려는 자세다. 어떤 유형이 국정을 맡을 자격이 있는지는 TV를 보는 사람들이 명백히 판단할 수 있다.

신앙은 우리를 끊임없이 성찰의 길로 안내한다. 하루하루 말씀의 거울 앞에서, 기도 속 성령의 가르치심으로, 사람들과의 관계를 통해, 사건들 속에서 하나님은 끊임없이 우리를 가르쳐주신다. 깨닫게 하신다. 우리 자신을 돌이키고 회복시키신다. 그것이 기독교인의 삶이다.

순간순간 믿음으로 하나님의 뜻을 이루며 산다고는 하지만 우리에겐 크고 작은 실수들, 흠결이 있을 수밖에 없다. 누군가에게 그것을 지적받으면 뜨끔하고 얼굴이 화끈거릴 수 있지만, 그것을 겸허하게 받아들이는 순간 양심은 자유를 얻는다. 그리고 신앙은 한 뼘 더 성장한다.

특히 교회의 리더이자 목자인 장로가 되려는 사람일수록 지적과 비난을 더 많이 받을 것이다. 그것을 마귀가 주는 것으로 오해하지 말고 하나님이 주시는 메시지로 겸손히 받아 안는 자세가 장로에겐 꼭 필요하다. 그것이 책망할 것 없는 장로가 되는 첩경이다.

05

장로는 가정 돌보미다

요즘은 남자들도 가정일을 곧잘 한다. 음식 만들기, 설거지, 쓰레기 버리기, 자녀와 놀아주기 등 웬만한 가정일을 남자들이 맡아 하는 것을 자주 목격한다. 불과 10~20년 전만 해도 남자가 부엌에 들어가는 일, 손에 물을 묻히는 일조차 꺼렸던 것을 생각하면 이제 가부장적 시대가 저물고 있다고 봐야 할 것이다.

사실 가정일을 도맡아 가정을 돌보는 일은 동서고금을 막론하고 중요한 대사였다. 우리가 익히 아는 대로 중국의 고전 『대학大學』은 나라와 세상을 올바르게 다스리기 위해서는 먼저 마음과 몸을 닦고, 가정을 잘 돌볼 것을 권하고 있다(修身齊家治國平天下).

성경에서는 가정을 보살피는 일의 중요성을 "자기 가정을 다스릴 줄 모르는 사람이 어떻게 하나님의 교회를 돌볼 수 있겠습니까?"(디모데전서 3 : 5)하고 강조하고 있다.

교회 일꾼인 장로의 자격 중 하나도 가정을 잘 다스리는 것이다. 가정을 잘 다스린다는 것은 앞에서 말한 가정일을 잘하는 것만을 뜻하지 않는다. 물론 가정일을 잘하면 좋을 것이고, 그것이 가정을 잘 다스리는 데 포함되는 일일 것이다. 하지만 여기서 '가정을 잘 다스린다'는 것은 특히 자녀와 연관이 있다. 디모데전서에 이런 말씀이 있다.

> "자기 가정을 잘 다스려 자녀들로 깍듯이 순종하게 하는 사람이어야 합니다." (디모데전서 3 : 4 | 현대인의성경)

무엇이 자녀를 순종하게 하는가?

여기서 '자녀를 잘 다스린다'는 의미가 '(자녀가) 순종하는 사람이 되게 하는 것'임을 알 수 있다. 언뜻 봐서는 구식 자녀 교육이 아닌가 생각할 수도 있다. 부모를 공경하는 일은 자녀의 당연한 도리였고, 그것은 부모를 넘어 스승, 나라도 똑같은 자세로 공경하는 것을 의미했다. 이런 교육은 유교가 나라의 근본이었던 조선시대에만 그랬던 것이 아니다. 불과 40~50년 전까지도 이런 정신이 교육의 바탕에 흐르고 있었다.

그렇다고 지금은 과거와 무조건 달라야 한다는 것은 아니다. 부모도 없고 스승도 없는, 즉 '근본도 없는' 것이 지금의 교육이어서는 안 된다. 근본은 예나 지금이나 변함이 없다. 부모는 공경해야 하고 스승도 존중해야 하는 것은 언제 어디서나 불변의 정신이기 때문이다.

다만 성경 본문의 방점은 '순종하는 자녀'가 아니라 '권위 있는 부모'에 찍혀 있다는 점을 생각할 필요가 있다. 디모데전서 3장 4절을 새번역성경은 "자기 가정을 잘 다스리며, 언제나 위엄을 가지고 자녀들을 순종하게 하는 사람이라야 합니다" 하고 번역하고 있다. 여기에 등장하는 '위엄'이라는 단어는 스스로 목에 힘주는 것을 의미하지 않고 그야말로 가만있어도 '포스'가 느껴지는 것, 위에서 부여하신 권위를 뜻한다. 그런 권위는 '~는 체' 한다고 해서 얻어지는 것이 아니다.

부모에 대한 자녀의 순종도 바로 그 위엄에서 나온다. 순종은 강요해서 되는 것이 아니라 마음속에서 저절로 우러나와야 한다. 그럴 때 순종하는 사람도, 순종의 대상이 되는 사람도 행복하다. 진정한 순종은 행복을 가져다준다. 질투할 정도로 우리를 사랑하시는 하나님은 자신의 독자까지 내주실 정도로 우리를 사랑해주셨다. 우리에게 전부를 주신 하나님은 우리의 일부가 아니라 전부를 받고 싶어 하신다. 그것이 순종의 본질이다.

디모데전서 3장 4절에 등장하는 '자녀들의 순종'은 누구를 대상으로 하는지가 불분명하다. 장로의 자격을 언급하면서 가정을 잘 다스리는 부모를 지칭했으니 그것이 부모일 수도 있고, 아니면 믿음의 대상인 하나님일 수도 있다.

사실 어느 하나라고 단정할 수 없는 단어가 바로 순종이다. 하나님을 믿고 순종하는 자녀가 부모를 불신하고 부모와 불화하거나 불효하는 게 가능할까? 물론 그렇게 살아가는 사람도 있을 수 있지만, 그것은 올바른 신앙이 아니다. 하나님을 향한 신앙은 곧 사람에게로도 향해야 한다. 땅에서 풀면 하늘에서도 풀리는 법이다. 땅의 법과 하늘의 법은 분리된 것이 아니고 상통한다.

따라서 장로가 되려는 사람은 우선 가정에서 자녀들이 하나님을 잘 믿고 순종하게 해야 한다는 뜻이다. 그리고 그 믿음과 순종은 아버지, 다른 권위자에게로 흘러가야 한다.

가정은 인간이 만든 제도나 공동체가 아니다. 가정은 하나님이 만드신 것으로 교회 이전의 교회, 학교 이전의 학교다. 가정에서 자녀들은 부모를 통해 하나님을 믿고 따르는 것을 그대로 보고 배운다. 가정에서 자녀들은 부모를 통해 사람과 세상을 보는 관점, 관계 맺는 법, 인생을 사는 방법 등 중요한 것을 모두 배운다.

장로가 명심해야 할 것

장로가 되려는 사람이 명심해야 할 것이 있다. 과거엔 장로가 만사를 불구하고 '교회 일'을 한다고 하면 훌륭한 신앙인 대접을 받았다. 비록 가정일에 소홀해도 어느 정도 용납이 됐다. 그러나 지금은 다르다. 교회에서도 잘해야 하지만 가정에서도 잘해야 한다. 교회에서 열심히 목회자를 섬기고 교인들을 돕듯이 가정에서도 부지런히 아내를 사랑하고 자녀들을 돌봐야 한다. 어느 것 하나 소홀히 해서는 안 된다.

그렇다고 장로가 되려는 사람이 가정일에 전념하고 교회 일에는 덜 전념하라는 것은 아니다. 코로나 팬데믹이라고 하는 전대미문의 사태를 겪으며 교인들은 예배에 대해, 교회에 대해 예전 같지 않은 태도를 보인다. 느슨해졌다. 굳이 예배당에 가지 않아도 인터넷으로 예배드릴 수 있고, 굳이 우리 교회가 아니어도 다른 교회의 예배에 얼마든지 참여할 수 있게 됐다. 그러다 보니 교회 일에는 더 소홀해지고 가정일, 개인사에만 더 전심하려는 경향이 커졌다. 이것은 뭔가 잘못되었다.

장로는 교회의 일꾼이다. 교회를 이끌고 교회를 세우라고 존재하는 직분이다. 거기에 정체성이 있고 1차적인 역할이 있다. 그 정체성이 희미해지는 순간, 장로는 존재감을 잃고 교회는 위기를 맞게 된다. 코로나 팬데믹 이후 이런 위기가 곳곳에서 포착되고 있다.

가정의 위기, 교회의 위기는 어제오늘의 문제가 아니다. 원인과 해법에 대한 처방이 이미 많이 나와 있다. 하지만 실제로 위기 해결에 나서는 사람은 드물다. 장로야말로 그 해결의 당사자다. 방법은 명료하다. 장로가 먼저 하나님을 잘 믿고 따르고, 그 믿음과 순종이 가정에서도 교회에서도 일관되면 그것으로 족하다. 오늘 교회는 이런 장로를 찾고 있다.

06

장로는 목사의
동역자다

가정에서 부부가 동역하는 것처럼 아름다운 게 없듯 교회에서는 목사와 장로가 동역하는 것처럼 아름다운 게 없다. 장로는 목사의 리더십을 존중하고 목사는 장로의 리더십을 인정해 주는 모습은 아름답다. 이런 교회는 평안하고 안정되고 부흥을 이룬다.

그러나 장로와 목사가 서로를 인정하지 않고 존중하지 않을 때 그 교회는 맨날 시끄럽다. 언제나 분쟁 중이다. 미움도 이런 미움이 없고 전쟁도 이런 전쟁이 없다. 같은 신앙으로 같은 교회를 섬기면서도 마음만은 38선이다. 죽일 듯 서로를 미워한다.

나는 목사와 장로의 아름다운 동역 사례가 많을 것으로 생각한다. 그런데 왜 그런 아름다운 동역의 모습을 찾기 어려운 걸까? 왜 장로와 목사가 서로 다투고 싸우는 모습에만 익숙한 것일까?

그것은 선행은 흔히 감추어지기 때문이다. 구제할 때 오른손이 하는 일을 왼손이 모르게 하라고 하신 분이 예수님이시다. 게다가 우리나라 사람들은 착한 일을 하고서도 안 그런 척한다. 체면을 차리는 것일 수도, 잘한 일을 드러내기를 꺼리는 습성 때문일 수도 있다. 그래서 선행은 잘 드러나지 않는다.

이와는 달리 다툼은 잘 드러난다. 사람들이 서로 갈라지고 고성이 오간다. 언론에 나오고 소송까지 간다. 이것을 보는 사람들은 '교회는 왜 이렇게 시끄러워?', '교회는 왜 이렇게 잘 싸워?' 하는 생각을 갖기 마련이다. 개신교회는 타 종교보다 갈등이 겉으로 드러나는 경향이 있어서 상대적으로 갈등이 많아 보인다는 전문가들의 평가가 있지만, 어쨌든 교회 내 분란은 발생해서는 안 되는 것이다.

교회 분란의 원인, 목사와 장로의 갈등

교회 분란의 대부분이 목사와 장로의 갈등에서 비롯된다. 어떤 문제가 불거졌을 때 서로 이해하거나 공감하려들기보다는 일단 의심하고 그것을 퍼뜨리는 것이다. 충분히 상대방의 말을 듣고 신앙 안에서 해결할 수 있는데도 그것을 확대하고 교회 밖으로 가지고 나가는 모습은 민망하기까지 하다.

그러나 오늘날 많은 교회에서는 여전히 목사와 장로가 아름다운 동역을 하고 있다고 굳게 확신한다. 특히 작고 어려운 교회일수록 아름다운 동역의 사례가 많은데, 여기에 한국교회 초창기의 아름다운 동역 사례를 소개하려 한다.

전북 김제에 있는 금산교회는 기역자 교회로 유명하다. 기와지붕에 교회 건물이 'ㄱ자'인 이유는 교회도 남녀칠세부동석이라는 전통을 거스를 수는 없었기 때문이다. 이 예배당은 ㄱ자 한쪽은 남자석, 다른 한쪽은 여자석이고 그 모서리에 강대상이 있어서 예배 인도자는 양쪽을 번갈아 볼 수 있다. 이 교회의 ㄱ자 모양 못지않게 유명한 것은 장로와 목사의 아름다운 동역이다.

테이트 선교사(한국명 최의덕)는 의대와 신학교를 졸업한 뒤 1891년 내슈빌에서 열린 해외선교연합회에 참석해 한국 선교에 대한 강연을 듣고 한국 선교를 결심했다. 이듬해 11월 그는 여동생 매티 선교사와 함께 조선에 왔고, 1893년부터 호남 선교의 개척 선발대로 전도에 나섰다.

전주에서 김제로 가는 길목이었던 두정리는 그 당시 번화가였다. 지주인 조덕삼은 이곳에서 마방(마구간을 갖춘 주막집)을 운영하고 있었고, 테이트 선교사는 가끔 이곳에 들러 쉬기도 하고 사람들과 대화도 나누었다. 조덕삼은 낯선 서양인이 조선 농촌에까지 온 이유가 궁금하던 차에 몇 차례 이야기를 나누다가 자신의 사랑채를 예배 처소로 내놓게 되었고, 이때 조덕삼의 식솔이었던 마부 이자익도 함께 예배를 드렸다.

경상남도의 한 섬에서 자란 이자익은 어릴 적에 부모를 여의고 열일곱 살에 김제로 흘러들어와 조덕삼의 머슴으로 있었다. 이자익의 타고난 성실함과 명석함을 알아본 조덕삼은 그를 공부시키고 테이트 선교사의 주례로 결혼까지 시켜주었다.

그러던 중 1907년에 교회에서 장로 선거가 열렸다. 당연히 지주인 조덕삼이 장로가 되리라는 예상을 깨고 머슴 이자익이 장로에 피택되었다. 그 순간, 장내는 충격에 휩싸여 잠시 술렁거렸다고 한다. 하지만 조덕삼은 교인들에게 인사를 하며 이렇게 말했다.

"우리 금산교회 교인들은 훌륭한 일을 하였습니다. 저희 집에서 일하고 있는 이자익 영수(목사와 장로가 세워질 때까지 교회 행정을 맡아 하는 직분)가 저보다 신앙의 열의가 대단합니다."

이로써 자칫 시끄러워질 수 있었던 상황이 일시에 은혜의 사건으로 바뀌게 되었다. 이자익은 조덕삼보다 나이가 열두 살이나 아래였다. 이후 조덕삼은 이자익을 평양신학교에 보냈고, 그가 신학을 하는 동안 물심양면으로 지원을 했다. 마침내 이자익이 목사가 되자 조덕삼은 그를 금산교회 담임목사로 청빙해 목회를 하게 했다.

이후 이자익은 전라도, 경상도, 충청도에서 50여 년간 목회를 했다. 또한 총회장을 3번이나 역임했는데, 이는 한국교회 역사상 유일무이한 일이다.

훌륭한 목사를 키워낸 장로의 리더십

조덕삼 장로와 이자익 목사는 장로와 목사의 아름다운 동역이 얼마나 큰 열매로 이어지는지를 단적으로 보여준다. 또한 장로의 리더십이 어떻게 훌륭한 목사를 키워낼 수 있는지를 보여주는 대표적 사례이기도 하다.

나이나 출신 배경, 사회적 지위를 떠나 하나님께서 목사를 교회의 지도

자로 세우신 것을 인정하고 전적으로 지원한 모습에서 품이 넓은 장로의 모습을 본다. 그런 장로에게서 훌륭한 목회자가 나오는 것이고, 교회가 건강하고 멋지게 자라는 것이다.

아니, 훌륭한 목사는 자기 홀로 될 수 없다. 장로의 격려와 응원이 목사를 달려가게 한다. 하나님이 교회를 만드시고 그 안에 목사와 장로 등 다양한 직분을 두신 이유는 서열을 정해주시기 위해서가 아니다. 아름다운 동역을 이루라고 다양한 직분을 주신 것이다. 다양한 직분이 협력해서 아름다운 동역을 이룰 때 그리스도의 몸된 교회는 완성을 향해 가고 아름다운 열매를 맺게 된다.

시편 133편은 동역의 아름다움을 이렇게 노래하고 있다.

"보라 형제가 연합하여 동거함이 어찌 그리 선하고 아름다운고 머리에 있는 보배로운 기름이 수염 곧 아론의 수염에 흘러서 그의 옷깃까지 내림 같고 헐몬의 이슬이 시온의 산들에 내림 같도다 거기서 여호와께서 복을 명령하셨나니 곧 영생이로다"

우리 시대에도 분명 조덕삼 장로와 이자익 목사 같은 멋진 동역의 이야기가 여기저기서 펼쳐지고 있다. 그런 이들이 지금도 멋지고 건강한 교회를 만들어가고 있다. 내가 속한 교회, 우리 교회에 보내주신 목사에게 나도 조덕삼 장로가 될 수 있지 않을까.

07

장로는 긍정의
사람이다

성경에는 수많은 사람이 등장하는데, 믿음의 사람치고 긍정적이지 않았던 사람은 한 사람도 없다. 따지고 보면 하나님을 믿는 일 자체가 하나님의 부르심을 긍정하는 데서 출발한다. 하나님께서는 믿는 자들에게 수시로 이렇게 물으신다.

"너는 나를 믿느냐?"

"예."

"내가 온 천지 만물을 창조하고 주관하는 것을 믿느냐?"

"예."

"내가 너를 사랑한다는 사실을 믿느냐?"

"예."

"너는 내가 너를 가장 좋은 길로 인도할 것을 믿느냐?"

"예."

"그렇다면 천국을 소망하며 천국을 향해 오늘도 전진할 수 있느냐?"

"예."

이렇게 하나님의 질문에 "예"라고 답하며 사는 삶이 믿음의 삶이다. 예수님을 믿고 사는 삶은 결코 복잡하지 않다. 오히려 너무나 단순해서 어리둥절할 정도다. 너무 단순하기에 복잡한 것을 생각하는 사람은 오히려 망설이기도 한다. 하지만 진리일수록 단순하다. 그리고 진리가 아닐수록 복잡한 법이다.

믿음 = 긍정

그리스도인은 긍정적인 사람이어야 한다. 원래 부정적인 사람이었더라도 예수님을 믿으면 긍정적으로 바뀌게 되어 있다. 예수님을 믿고 나서도 매사에 부정적이라면 내가 정말 예수님을 제대로 믿고 있는지 스스로 점검해봐야 한다.

부정적인 태도는 결국 정신의 독이 된다. 독을 마시면 죽거나 큰 상처를 입는 것처럼 정신적인 독은 그 사람을 망가뜨리고 만다.

모세는 가나안 입성을 앞두고 열두 지파의 대표 열두 명을 가나안 정탐꾼으로 보냈다. 열두 사람은 가나안 땅을 정탐하고 돌아와 보고했다. 보고는 대체로 "가나안 사람들은 우리보다 덩치가 훨씬 크다. 우리는 그들에 비하면 메뚜기에 불과하다. 우리는 절대로 그 성을 점령할 수가 없다"는 내용이었다.

그러나 여호수아와 갈렙은 그들과 달랐다. 두 사람은 "아니다. 그들은 우리의 밥이다. 그들의 보호자는 떠났고, 우리는 능히 들어가서 그 땅을 점령할 수 있다. 지금 당장 들어가자"고 주장했다.

똑같은 가나안 땅을 둘러봤지만 열 사람과 두 사람의 평가는 정반대였다. 결국 부정적인 보고를 했던 열 사람은 하나님께 버림을 받았고, 긍정적인 보고를 한 여호수아와 갈렙은 하나님께 인정을 받았다. 그것은 가나안 땅을 정결케 하고 이스라엘 백성에게 유산으로 주려는 하나님의 계획과 일치했기 때문이다.

물론 모든 긍정적 사고가 기독교 신앙과 일치하는 것은 아니다. 긍정적인 사고가 하나님의 뜻과 일치할 때 그것은 파워를 지니게 된다. 몸도 마음도 힘들고 경제력도 없는 사람에게 하나님의 사랑과 믿음을 전하면서 "하면 된다, 할 수 있다, 해보자"고 권유하면 마침내 그 사람은 자신감을 갖고 일어서서 자신의 능력을 뛰어넘는 큰일을 해내게 된다. 그것이 믿음의 힘이다. 믿음은 객관적으로 보아 불리한 환경을 뛰어넘을 수 있는 힘을 공급해준다.

반대로 "못한다, 안 된다, 할 수 없다"는 생각과 말은 꽉 막힌 앞길을 첩첩이 막아버려 결국 주저앉는 인생이 되어버린다. 믿음은 부정적 자세를 바꾸어 긍정의 자세로 돌려놓는다. 영국의 J. 하드필드 박사는 자신감에 대해 평생 동안 연구한 심리학자다. 그는 자신에게 "넌 틀렸어. 이젠 끝났어"라고 말하고 스스로 낙심하면 자기가 가진 능력의 30%도 발휘할 수 없는

바른 장로

폐인이 되고 만다고 말한다. 이와 반대로 자신에게 "넌 할 수 있어. 넌 특별한 사람이야"와 같은 말을 하면 자신의 한계를 뛰어넘어 능력의 150%를 발휘하게 된다고 한다.

우리가 스스로를 어떻게 바라보느냐에 따라 우리를 통해 나타나는 능력은 엄청난 차이를 보인다. 모든 사람에게는 자기 스스로를 바라보는 눈이 있다. 스스로 자기 자신을 "잘났다·못났다·훌륭하다·글렀다"고 평가하고 있는 것이다. 하나님은 우리를 하나님의 형상대로 만드셨다. 이 말은 우리에게 엄청난 잠재능력이 내재되어 있다는 뜻이다. 다음 말을 속으로 다섯 번만 따라 해보라.

"나는 별 볼일 없는 사람인 줄 알았는데, 이렇게 엄청난 줄 몰랐다. 나는 이래 봬도 하나님을 닮은 사람이다."

우리는 하나님 닮은 사람들

우리는 하나님을 닮은 사람들이다. 하나님은 나를 끔찍이 사랑하시지만 온 세계 우주 만물, 모든 사람을 사랑하신다. 그래서 나의 관심도 나를 넘어 내 이웃, 나아가 온 세계, 온 우주 만물, 만인에게로 향할 수밖에 없다. 하나님을 닮은 사람은 하나님의 약속을 믿고 하나님이 원하시는 일을 해야 하기 때문이다.

데살로니가전서에는 우리에게 바라시는 하나님의 뜻 3가지가 나온다.

"항상 기뻐하십시오. 끊임없이 기도하십시오. 모든 일에 감사하십시오."

(데살로니가전서 5 : 16~18 | 새번역)

기뻐하고, 기도하고, 감사할 것을 당부하며 각각의 정도를 제시하고 있다. '항상, 끊임없이, 모든 일에'라고 말이다. 따라서 기독교인의 기쁨과 기도와 감사는 시도 때도 없이, 어떤 상황에서도 가능한 전천후다. 그것이 하나님의 뜻이라고 말하고 있는 것이다.

이는 그리스도인의 의식과 일상 속에 기쁨과 감사가 꽉 차서 주위로 흘러넘쳐야 한다는 뜻이다. 예수님은 양들이 생명을 얻어서 마침내 더 풍성하게 얻게 하려고 이 땅에 오셨다고 말씀하셨다(요한복음 10 : 10). 찔끔찔끔 억지로 주는 생명이 아니라 차고 넘쳐서 그냥 흘러가는 삶을 말씀하신다.

하나님이 나를 장로로 부르신 것은 풍성한 삶을 살게 하시기 위해서다. 그러려면 세상만사를 믿음의 눈으로 바라보고, 하나님을 믿는 믿음을 입술로 시인해야 한다. 어떤 여건과 환경 속에서도 내가 믿는 믿음이 더욱 강하게 될 것이며, 담대하게 하실 것이라고 확신해야 한다. 그리고 그 믿음을 통해 우리의 일상에서 늘 기적 같은 하나님의 역사가 일어나고 있음을 믿고 기대해야 한다.

믿음은 고난마저도 긍정하게 만든다. 믿음은 연약함마저도 받아들이게 한다. 그래서 믿음은 강하다. 믿음은 기적을 만든다. 그 믿음은 부정을 긍정으로 바꿔놓는다.

장로는 매사에 긍정적인 생각, 긍정적인 언행을 해야 한다. 물론 속에서 믿음과 기도, 감사가 넘칠 때 긍정적인 생각, 긍정적인 언행을 할 수 있지만, 때론 속에서 부정적인 마음이 솟더라도 입술로는 긍정적으로 말할 수 있어야 한다. 긍정적인 언어가 마음속의 부정적인 생각을 긍정적으로 바꿀 수 있기 때문이다.

08

장로는 청지기다

나는 지난 40여 년간 여러 기업을 맡아 경영 일선에서 뛰었다. 건강기능식품 회사, 주방기구 회사, 제약회사 등 다양한 기업을 거쳤다. 그중에는 (주)고려인삼같이 대박을 냈던 굴지의 기업도 있다. 한때는 대기업처럼 키워보겠다는 욕심으로 사업을 크게 확장해보기도 했지만, 결국 모든 일에는 때가 있음을 깨달았다. 그때부터 욕심과 명예를 내려놓고 경영권을 하나둘 직원들에게 넘겨주었다.

지금 맡고 있는 (사)세계가나안운동본부 총재도 연임 없이 한 회기만 맡아 일하고 후임자에게 물려주려고 한다. 떠날 때를 알고 그 자리에서 과감히 내려오는 것이 결코 쉬운 일은 아니다. 사람은 누구나 어느 자리를 맡게 되면 욕심이 나게 마련이다. 부당한 것도 합리화하려 하고 그 자리를 더 오래 지키려 한다. 심지어 가족에게 물려주려고까지 한다. 그래서 사람이 변질되는 것이다. 그 사람의 변질은 공동체에 큰 상처를 주고, 회복할 수 없는 분란을 조장하게 된다.

언젠가는 모든 것을 내려놓고 떠나겠다는 생각을 해야 한다. 그렇다고 불교에서 말하는 공수래공수거空手來空手去처럼 모든 것이 허무하다는 뜻은 아니다. 시간이 한정돼 있기에 그만큼 더 값지게, 알차게 감당해야 한다는 것이다.

예를 들어 어떤 일을 1년만 맡기로 했다고 가정하자. 그 일을 맡은 사람의 자세는 아마 두 가지로 나뉠 것이다. 1년밖에 안 할 거니까 얼렁뚱땅 대충 시간만 보내는 사람, 또 하나는 1년밖에 안 되니 최선을 다해 모든 것을 쏟아붓는 사람이다. 아마 교회 일이거나 기독교인이라면 후자일 것이다. 자기에게 주어진 1년 동안 헌신적으로 봉사하는 것이다.

인생은 청지기

성경에 보면 '청지기'라는 독특한 단어가 등장한다. 이것은 그저 시키는 일만 하는 종이나 하인과는 다르다. 부하 직원과도 다른 개념이다. 모든 권한을 부여받기는 했는데 한시적이고, 주인은 따로 있다. 그래서 그는 주어진 기간 동안 모든 권한을 행사할 수 있지만 언제든 주인이 해고하면 그만둬야 한다. 이것이 청지기 개념이다.

누가복음 16장에서 예수님은 '불의한 청지기' 비유를 통해 지극히 작은 일에 충성된 자는 큰일에도 충성되고, 지극히 작은 일에 불의한 자는 큰일에도 불의하다는 것을 가르치고 있다. 여기서 예수님이 말한 청지기의 주인은 부자다. 그리고 그 청지기는 부자의 재산을 총괄하는 역할을 맡았다. 주인은 어느 날 그 청지기가 재산을 낭비한다는 말을 듣고 해고하려 한다. 그러자 그 청지기는 주인에게 빚진 사람들의 빚을 탕감해주고 자신의 후사를 도모한다. 성경에는 나와 있지 않지만 아마 그 청지기는 해고되었을 것이다. 하지만 빚을 탕감해주는 모습을 보면 그의 권한이 주인인 부자 못지않았다는 것을 알 수 있다.

청지기란 단어는 신구약 여러 곳에서 등장한다. 청지기는 마치 하나님께 부여받은 우리 인생과도 같다. 평균 80년이 사람에게 주어졌다고 치자. 그 인생은 생각하기에 따라 길 수도 짧을 수도 있다. 하지만 제한적이다. 그래서 허무하게 살 것이 아니라 의미 있게 살아야 하는 것이다. 인생은 자기 하기 나름이라고 하지만 기독교는 인생의 주인이 하나님이라고 가르친다. 예수님을 믿는 순간 나의 주인은 내가 아닌 하나님이 되고, 이 땅에서 살 때도 내 뜻이 아니라 하나님의 뜻을 좇고 이루는 삶을 살게 된다. 그 일을 얼마나 충성스럽게 감당했느냐 그러지 못했느냐에 따라 나중에 천국에서 칭찬도 받고 책망도 받는다.

인생만 그런 것이 아니다. 내게 주어진 모든 것, 즉 가정, 직장, 교회 직분도 모두 그렇다. 하나님이 잠깐 나에게 맡기신 것, 책임지고 잘 보살피라고 맡기신 것이라는 사실을 잊지 말아야 한다. 내가 주인이 아니니 내 소유처럼 함부로 할 수 없다. 하나님의 것이니 잘 보살피고 잘 관리해서 다른 사람에게 잘 넘겨주어야 한다.

그것이 청지기인 나의 몫이다. 또한 그것이 장로의 역할이다.

장로는 청지기

장로는 교회에서 청지기라는 점을 명심해야 한다. '교인들이 나를 어떻게 평가해줄까?'를 생각하면 안 된다. '주인이신 하나님이 나를 어떻게 평가하실까?'에 늘 관심을 기울여야 한다. 이것이 장로 임기 처음부터 마지막까지 가져야 할 자세다.

그런 자세로 장로 직분을 감당하면 언제 어디서나 칭찬을 받을 수 있다. 어디를 가나 피스메이커peacemaker가 될 수 있다. 그 장로가 가는 곳에는 평화와 화해가 꽃핀다. 그 장로의 한 마디에 분쟁과 갈등이 모두 정리된다. 평화를 이루는 사람이 바로 하나님의 자녀다(마태복음 5 : 9).

어디를 가나 '남 탓' 하는 사람들이 꼭 있다. 그런 사람이 있는 곳은 늘 시끄럽다. 분란이 많다. 남 탓으로 지적당한 사람이 가만있을 리 없고, 서로 남 탓을 하다 보면 고성만 오갈 뿐 문제는 하나도 해결되지 않기 때문이다. 남 탓으로 문제를 까발릴 수는 있어도, 그것을 통해 카타르시스를 느낄지는 몰라도 문제 해결에는 별 도움이 안 된다.

그럼 어떻게 해야 문제를 해결할 수 있을까? '내 탓'을 해야 한다. 그 문제가 다른 사람이 아니라 나 때문이라고 고백하는 순간, 문제 해결이 시작된다. 한때 우리 사회에서 '내 탓이오' 운동이 벌어진 적이 있다. 오랜 군부

독재가 끝나면서 각계각층의 다양한 불만과 요구가 봇물처럼 터져나오자 그것을 개인의 성찰로 승화하기 위해 가톨릭에서 시작한 운동이다.

'내 탓이오' 운동은 당시 우리 사회에 큰 반향을 불러일으켰던 것으로 기억한다. '내 탓이오'는 지금도 유효하다. 서로를 향해 손가락질하는 것이 일상이 된 요즘, 이 모든 것이 다른 누구의 책임이 아니라 나 때문이라고 고백하는 지도층의 성찰이 어느 때보다 필요하다.

그 일을 장로들이 할 수 있다. 만약 장로가 먼저 '내 탓이오' 고백한다면 집사나 권사가 이를 외면할 리 없고, 목사도 나설 것이다. 교회에서 '내 탓이오'를 시작한다면, 교회가 먼저 새로워진다면 사회도 마침내 따라오게 될 것이다.

그런데 지금 우리의 실상은 '나는 잘했는데 너희가 못해서 이렇게 됐다'는 분위기가 팽배하다. 스스로 잘못했다고 고백하는 순간 왠지 패배자로 몰릴 것 같아 두려움이 앞선다. 한편으로는 '내 탓이오' 하는 게 괜히 잘난 체하는 것 같아 겸연쩍은 것도 사실이다.

이럴 때는 그것을 사회운동으로 의식하지 않으면 된다. 그냥 내 양심에 입각해보니, 신앙과 말씀으로 보니, 기도를 해보니 '정말 나 때문이구나. 내가 용서하지 않고 내가 품지 않고 내가 이해하지 않았기 때문이구나. 내가 똑바로 살지 않았기 때문이구나' 하고 옆 사람에게 먼저 시작하면 된다. 내가 몸담은 교회의 동료 장로, 담임목사를 향해서 시작하면 된다.

장로는 목사의 협력자지만 교회의 지도자이기도 하다. 장로는 교인들을 대표하므로 영향력이 크다. 장로인 내가 스스로를 성찰하고 교회와 사회를 성찰하며 '내 탓입니다', '저 때문입니다' 하고 고백하는 순간, 그 파장이 클 수밖에 없다. 자연스레 변화가 일어나게 되어 있다.

'내 탓이오'는 그저 입술의 고백이 아니다. 그것은 내 양심, 내 신앙에서 우러나오는 고백이자 생활의 실천이며 삶이다. '내 탓이오'는 생활의 변혁, 삶의 변화를 가져오는 선언이다. 오늘의 한국교회, 한국 사회를 성찰하며 '내 탓이오' 하고 고백할 수 있는 사람이야말로 진정한 장로다.

09

장로는 평신도의 리더다

리더십에 대한 사전적 정의는 '무리를 다스리거나 이끌어가는 지도자의 능력'이다. 리더십은 혼자서는 발휘할 수 없다. 리더십은 스스로를 위한 능력도 아니다. 반드시 공동체를 염두에 둘 때 리더십은 비로소 의미를 지니며 제자리를 찾는다. 그렇지 않은 리더십은 독불장군 또는 독재일 가능성이 높다.

어떤 일이든 잘하고 성공하려면 혼자 잘할 수 있는 능력을 공동체가 함께 잘할 수 있는 능력으로 확대하고 바꾸는 리더십이 필요하다. 그럴 때 공동체는 성장한다.

사람들은 보통 혼자서는 잘한다. 또 혼자서 하는 것을 편하게 느낀다. 특히 요즘 MZ세대는 그런 성향이 강하다. 하지만 공동체가 함께 잘하는 데는 반드시 지도자의 능력이 필요하다.

성경적 리더십은 섬김의 리더십

세상에서는 지도자들이 일방적으로 '나를 따르라'며 끌고 가는 리더십을 편하게 여긴다. 세상의 리더십은 돈과 권력의 힘으로 따르게 하고, 그것을 따르지 않는 사람들은 버림받는다. 그러나 성경적 리더십은 전혀 다르다. '나를 따르라'가 아니라 '제가 섬기겠습니다'라고 하는 게 성경적 리더십이다. 섬김의 리더십, 서번트servant 리더십이 성경적 리더십이다.

섬김의 리더십은 리더가 부하 아래에, 지도자가 국민 아래에 서는 것을 말한다. 사람들의 성장과 발전을 돕고 바라는 자세, 그래서 그 사람들이 스스로 목표를 달성할 수 있게 기여하는 능력을 말한다.

한때 신선한 충격을 안겨주었던 거창고등학교 전영창 교장선생님의 '직업 선택의 십계명'은 지금도 우리에게 신선하게 다가온다.

1. 월급이 적은 쪽을 택하라.

2. 내가 원하는 곳이 아니라 나를 필요로 하는 곳을 택하라.

3. 승진의 기회가 거의 없는 곳을 택하라.

4. 모든 조건이 갖추어진 곳을 피하고 처음부터 시작해야 하는 황무지를 택하라.

5. 앞다투어 모여드는 곳을 피하고 아무도 가지 않는 곳을 가라.

6. 장래성이 없다고 생각하는 곳으로 가라.

7. 사회적 존경을 바랄 수 없는 곳으로 가라.

8. 한가운데가 아니라 가장자리로 가라.

9. 부모나 아내가 결사반대하는 곳이면 틀림없다. 의심치 말고 가라.

10. 왕관이 아니라 단두대가 기다리는 곳으로 가라.

나를 필요로 하고 하나님이 나를 보내시는 곳으로 주저 없이 가서 빛과 소금이 되고, 주도적인 사람이 되고, 섬기는 사람이 되라는 강력한 메시지다. 거창고등학교는 경남 내륙의 작은 도시에 있는 학교지만, 중학교 성적이 상위 5% 안에 들어야 갈 수 있는 실력 있는 학교로 유수의 대학에 많은 학생이 입학하는 명문고다.

테일러 필드Taylor Field 목사는 자신의 저서 『거꾸로 된 리더십』에서 이렇게 강조했다.

"세상의 리더십은 채우는 것이지만 성경의 리더십은 비우는 것이다. 그리스도의 가르침을 따라 위로 올라가는 길 대신 자신을 비우고 내려가는 길을 가야 한다."

사실은 거꾸로 된 리더십이 아니라 제대로 된 리더십이다. 이것은 성경적 리더십이자 예수님이 몸소 보여주신 리더십이기도 하다.

예수님은 존귀한 하나님의 아들이시지만 이 땅의 사람들을 구원하시기 위해 인간의 몸으로 오셨다. 인간의 몸으로 오셔서 인간의 누추함, 고생,

바른 장로

희로애락을 몸소 겪으셨다. 제자들의 선생이셨지만 친히 제자들의 발을 씻기시는 섬김의 모습을 보이셨다. 죄인 된 인간을 구원하기 위해 십자가의 모욕도 감내하셨다. 그의 리더십을 성경은 이렇게 평가한다.

> "너희 안에 이 마음을 품으라 곧 그리스도 예수의 마음이니 그는 근본 하나님의 본체시나 하나님과 동등됨을 취할 것으로 여기지 아니하시고 오히려 자기를 비워 종의 형체를 가지사 사람들과 같이 되셨고 사람의 모양으로 나타나사 자기를 낮추시고 죽기까지 복종하셨으니 곧 십자가에 죽으심이라" (빌립보서 2 : 5~8)

본토와 친척, 아비 집을 떠났던 아브라함, 이집트 왕자로서의 명예를 버리고 히브리 백성과 같은 처지가 되려 했던 모세, 망명자 신세로 젊은 날을 보낸 다윗, 그리스도를 위해 모든 것을 배설물로 여겼던 바울, 복음을 위해 기꺼이 순교를 감내한 스데반 등 성경 속 인물들이 그런 삶을 살았다.

이렇듯 세상의 리더십과 성경의 리더십은 확연히 차이를 보인다. 성경의 리더십 속에는 세상의 리더십이 감히 흉내낼 수 없는 거룩함이 있다.

권위는 내세우는 게 아니라 인정받는 것

권위는 사람들로 하여금 따르게 하는 힘인데, 이 힘은 스스로 만들 수가 없다. 스스로 권위를 내세운다고 인정을 받는 것도 아니고, 사람들이 인정을 해줘야 한다. 인정받지 못하는 권위는 정통성을 잃는다.

장로는 평신도의 리더로서 집사나 권사를 대표하는 자리다. 그러나 그 자리는 서열이 아니고, 스스로 권위를 내세우는 자리도 아니다. 자신이 대표하는 집사나 권사를 섬기는 자리다. 장로가 자신이 대표하는 평신도들을 잘 섬기기로 작정하는 순간부터 그에게는 권위가 부여된다. 그리고 사람들의 존경을 받는다. 사람들이 따른다. 진정한 리더가 되는 것이다.

고린도전서 9장에서 사도 바울은 자신의 사도적 권리를 조목조목 설명하며 자신이 그 권리를 다 사용하지 않은 이유를 설명한다.

> "그런즉 내 상이 무엇이냐 내가 복음을 전할 때에 값없이 전하고 복음으로 말미암아 내게 있는 권리를 다 쓰지 아니하는 이것이로다 내가 모든 사람에게서 자유로우나 스스로 모든 사람에게 종이 된 것은 더 많은 사람을 얻고자 함이라"(고린도전서 9 : 18~19)

바울은 사람들을 얻기 위해, 즉 사람들을 복음으로 구원하기 위해 사도적 권리를 다 쓰지 않았다. 이 세상에서 가장 자유로운 사람은 누구일까? 모든 사람의 종이 된 사람이다. 스스로 모든 사람의 종이 되려고 결심한 사람만큼 마음이 자유로운 사람은 없다. 그는 더 이상 자신의 편견이나 아집에 얽매이지 않는다. 모든 인종, 모든 계층, 모든 나라의 사람들을 찾아가 대화하고 그들의 손발이 된다. 그는 마침내 만인을 돕는, 만인을 구원하는 만인의 사람이 된다.

　장로는 섬기기 위한 존재다. 장로는 섬김으로써 권위를 얻는 사람이다. 섬김이 장로의 본질이다.

10

장로는 잘 경청하는
사람이다

장로는 경청하는 능력이 있어야 한다. 그것도 그냥 경청하는 것이 아니라 잘 경청해야 한다.

부모들이 자주 이야기하는 불만이 자녀들이 부모들의 걱정을 잘 듣지 않는다는 것이다. 기껏 이야기를 해주면 건성으로 알았다고 해놓고는 돌아서서 제멋대로 해버린다는 것이다. 사람들이 언성을 높이며 싸우는 것을 가만히 들어보면 "내 말을 무시했다"고 하는 이야기가 자주 들린다. 부부간의 다툼도 대부분 상대의 말을 들어주지 않고 자기 말만 할 때 일어난다.

쉽게 말해 "내 말을 안 듣는다", "자기 말만 내세운다", "내 말을 무시한다"가 다툼의 원인이다.

잘 들을 줄 아는 사람이 필요하다

교회에서도 교인들이 속상해하는 이유를 들어보면 대화가 잘 안 된다고, 그래서 신뢰가 안 간다고 한다. 마음을 터놓고 얘기할 사람이 없다는 하소연이다. 직장 생활을 하고 기업을 운영할 때도 가장 큰 애로가 믿을 사람이 없다는 것이다. 사람은 많지만 정작 자기 말을 제대로 알아듣고 같이 행동해줄 사람은 귀하다는 것이다. 이는 듣기만 잘하면 믿을 만한 직원이 되고 인정받을 수 있다는 이야기가 된다.

크게 보면 듣는 것이 안 돼서, 듣는 것이 부족해서, 듣기를 싫어해서 다투게 되고, 아프게 하고, 성공의 길도 막힌다. 사람이 말하는 법을 배우는 데는 3년이 걸리지만 제대로 듣는 법을 배우는 데는 80년이 걸린다는 말도 그래서 나온 것 같다. 듣는 기술을 배우고 습득하는 일은 평생 끊임없이 연마해야 할 장기적 훈련 가운데서도 가장 중요한 훈련이 아닌가 싶다.

듣는 사람의 표본은 예수님이다. 예수님은 이 땅에 계시는 동안 한결같이 하나님의 말씀에 귀를 기울이시고 이에 따르셨다. 또 사람들의 말에 하나하나 귀 기울이셨고, 마침내 그들 한 사람 한 사람을 구원하셨다. 가톨릭 사제 헨리 나우웬Henri Nouwen은 "예수님은 온몸이 귀였다"고 말하기도 했다.

이처럼 경청은 온몸을 움직여 공들이고 애써야 할 만큼 값진 일이다. 경청傾聽의 의미를 깊이 살펴보면 상대의 말을 듣는 것이 아니라 마음을 듣는 것이다. 상대가 입술로만 말하지 않고 온몸으로 말하기 때문에 온몸과 마음으로 듣는 것, 그것이 경청인 것이다.

그렇다면 사람들은 어떻게 말할까?

1. 눈빛으로 말한다 ： 눈은 사랑을 표현한다. 눈은 분노와 기쁨을 표현한다. 눈은 겁주는 표현을 하기도 한다.

2. 제스처와 표정으로 말한다 ： 제스처의 크고 작음에 따라 전달되는 의미와 느낌이 달라진다. 표정으로 웃기기도 하고 울리기도 한다. 표정으로 화를 내기도 한다.

3. 목소리의 억양, 강약으로 말한다 ： 억양의 길고 짧음에 따라 전달되는 깊이가 다르고 감동이 달라진다. 때로는 의미가 완전히 달라지기도 한다. 목소리의 높고 낮음에 따라 전달되는 의미와 강도의 차이는 엄청나다.

4. 목소리의 떨림으로도 침묵으로도 말한다 ： 목소리의 떨림으로 슬픔과 기쁨의 깊이와 의미가 달라진다. 아무 말 없이 침묵하는데도 문제가 정리되기도 하고, 포기도 하고, 싸움에서 이기기도 한다.

5. 눈물로도 웃음으로도 말한다 ： 울어도 치유가 되고, 이해가 되고, 문제가 해결되기도 한다. 웃음으로 비웃기도 하고, 기쁨과 슬픔을 말하기도 하고, 억울함을 호소하기도 한다.

경청은 대화에서 하나의 예술이다. 하나의 힘이다. 관계의 지름길이다. 커다란 능력이다. 그런데 이렇게 중요한 경청이 왜 잘 안 될까?

많은 사람이 듣는 것보다는 말하는 것이 대화의 기술이고 능력이라 잘못 알고 있기 때문이다. 예를 들어 자기 주장만 잔뜩 늘어놓고는 "알았습니까?" 하고 대화를 끝내는 사람이 있다. 이런 사람에게 왜 그런 식으로 끝내느냐고 물으면 "상대가 아니라고 대답하면 난처할까 봐" 그렇게 후다닥 끝낸다는 것이다. 이런 사람은 대체로 일방적이고 소심한 성격이어서 주위에 큰사람이 별로 없다.

그런가 하면 자기 말을 하고 나서 상대가 말을 하려고 하면 잘라버리는 사람이 있다. 이런 사람은 자기가 하는 말은 옳고, 자신은 말을 잘한다고 착각한다. 하지만 상대는 무시당했다는 생각에 화가 나고, 이런 사람과 다시는 대화하기가 싫어진다.

또 윗사람의 말은 잘 들으면서 아랫사람의 말은 무시해버리는 사람이 있다. 이런 사람은 기회주의자다. 결코 능동적인 사람이 될 수 없다. 이런 사람 주변에는 마음으로 함께하는 이들이 없다. 이와는 달리 아랫사람이나 동료의 말은 잘 듣는데 윗사람의 말은 잘 따지는 사람도 있다. 이런 사람은 뭘 모르고 이용만 당한다.

아울러 남에 대해 나쁜 말을 잘하는 사람이 있다. 이런 사람은 경계해야 한다. 믿지 못할 사람이기 때문이다.

잘 들어주는 사람이 대화를 잘하는 사람

남의 말을 잘 들어주고 이해하며 매사에 긍정적인 사람이 있다. 이런 사람이 바로 대화를 잘하는 사람이다. 사람들이 함께하고 싶어 해서 당연히 주위에 사람들도 많다.

경청은 가만히 듣고 있는 것만이 아니라 온몸과 마음으로 말하고 행동으로 실천하는 것이다. 솔로몬은 세상에서 가장 지혜로웠던 사람, 그래서 가장 부귀영화를 누렸던 왕이다. 그가 하나님께 구한 지혜는 바로 '듣는 마음'을 달라는 것이었다.

> "누가 주의 이 많은 백성을 재판할 수 있사오리이까 듣는 마음을 종에게 주사 주의 백성을 재판하여 선악을 분별하게 하옵소서 솔로몬이 이것을 구하매 그 말씀이 주의 마음에 든지라 이에 하나님이 그에게 이르시되 네가 이것을 구하도다 자기를 위하여 장수하기를 구하지 아니하며 부도 구하지 아니하며 자기 원수의 생명을 멸하기도 구하지 아니하고 오직 송사를 듣고 분별하는 지혜를 구하였으니 내가 네 말대로 하여 네게 지혜롭고 총명한 마음을 주노니 네 앞에도 너와 같은 자가 없었거니와 네 뒤에도 너와 같은 자가 일어남이 없으리라 내가 또 네가 구하지 아니한 부귀와 영광도 네게 주노니 네 평생에 왕들 중에 너와 같은 자가 없을 것이라" (열왕기상 3 : 9~13)

어느 누구도 억울한 일이 없도록 백성의 송사를 잘 판단할 수 있는 '잘 듣는 마음'을 달라고 하나님께 기도했더니 하나님께서는 지혜롭고 총명한 마음을 주시고, 부귀와 영화도 주시고, 장수도 주셨다. 모든 복을 솔로몬

왕에게 주신 것이다.

　대화의 최고 기술과 덕목은 말을 잘하는 것보다 잘 들어주고, 잘 공감하고, 이해하는 것이라는 사실을 잊으면 안 된다. 예수님을 믿는 사람은 말 잘하는 사람이 아니라 잘 들어주는 사람이 되어야 한다. 예수님을 믿는 사람에게 경청은 겸손을, 섬김을, 사랑과 희생을 의미한다. 그것이 마침내 사람을 구원하게 된다.

11

장로는 날마다
죽는 사람이다

지금 세계는 온통 전쟁 중이다. 러시아와 우크라이나의 전쟁, 중국과 미국의 전략 경쟁, 인플레이션 전쟁, 코로나와의 전쟁……. 이렇게 거창한 전쟁이 아니어도 젊은이들은 취업 전쟁, 집값 전쟁 등 삶과 사투를 벌이고 있다. 젊은이들뿐만 아니라 나이 드신 분들은 나이 드신 분들대로 힘겨운 노후 준비, 열악한 노후 생활과 전쟁 중이다.

우리의 일상이 예측을 불허하는 까닭에 인생의 마지막인 죽음에 대해서는 별로 생각할 겨를이 없다. 사는 게 이렇게 치열한데 언제 죽음을 생각할 수 있겠는가.

하지만 전쟁은 곧 죽음의 다른 의미이기도 하다. 전쟁이 있는 곳에는 죽음이 따를 수밖에 없기 때문이다. 전쟁과 코로나, 경제 위기는 죽음이 우리 곁에 바짝 다가와 있음을 피부로 느끼게 한다. 실제로 우리 주변에는 최근 3년 내에 가까운 가족, 사랑하는 이를 떠나보낸 이들이 너무나 많다.

죽음을 준비하는 삶

나는 인생의 경영원리 중 하나로 '죽음을 준비하는 삶'을 꼽고 싶다. 죽음을 잘 준비해서 좋은 죽음을 맞이하는 웰다잉well-dying이야말로 현대인들이 그렇게 목숨 걸고 외치는 웰빙의 중요한 요소라고 믿기 때문이다.

일반적으로 사람들은 인생을 2단계 또는 3단계로 나눈다. 2단계로 나누는 경우 인생 50 이전을 전반기, 50 이후를 후반기로 보고 인생 경영을 구상한다. 3단계로 나누는 경우 어린 시절부터 30대까지를 배우는 과정, 30대부터 60대까지를 벌어들이는 과정, 60대 이후부터를 나누고 마무리하는 과정으로 보고 인생 경영을 구상한다.

2단계든 3단계든 인생에 대한 경영계획을 세운다는 것은 결국 인생의 마지막이 반드시 온다는 사실을 염두에 두었다는 뜻이다. 사람은 누구나 유년기, 소년기, 청년기, 중년기, 노년기를 거쳐 인생의 마지막을 맞는다. 여기엔 누구도 예외가 있을 수 없다.

하지만 끝이 온다는 사실을 알고 마지막을 준비하는 사람과 그러지 않는 사람의 삶은 180도 다를 수밖에 없다. 당신이 6개월 시한부 선고를 받았다고 상상해보라. 하루를 살아도 의미 있게, 바르게, 소중하게 보낼 것이다. 가까이 있는 사람들을 더 귀하게 여기고, 형편이 어려운 사람들에게 자기가 가진 것을 하나라도 더 나누기 위해 애쓸 것이다. 주변의 믿지 않는 이들을 보며 한 영혼이라도 더 구하기 위해 온 힘을 다할 것이다. 사랑하는 이들을 위해 마지막 남은 땀 한 방울까지 다 쏟아붓고 싶은 심정, 이것이

시한부 선고를 받은 사람의 마음이다.

어느 해인가 신년에 TV를 보는데, '천하장사' 이만기 씨가 나와서 어느 팀 선수들을 지도하면서 땀범벅이 된 채 이렇게 말하는 것이었다.

"이제는 내가 가지고 있는 씨름 기술들을 후배들에게 다 주고 가는 것이 후회 없이 사는 길인 것 같습니다."

그 장면을 보고는 눈시울이 붉어졌다. 나는 이것이 인생의 진실이라고 믿는다.

누구든지 죽음 앞에 서면 가면을 벗는다. 하나님 앞에 일대일로 벌거벗은 존재처럼 된다. 죽음 앞에 설 때 비로소 인간이 되는 것이다.

죽음은 모든 것이 끝나는 순간이 아니라 영원으로 이어지는 또 다른 시작이다. 그래서 이 땅에서의 삶을 잘 마무리해야 한다. 그것은 죽음 앞에 서볼 때 더 실감할 수 있다. 인생의 처음과 끝 그리고 영원으로 이어지는 인생의 진실을 아는 것이야말로 꿈꾸는 사람들에게 가장 필요한 인생의 경영원리다.

"형제자매 여러분, 나는 감히 단언합니다. 나는 날마다 죽습니다! 이것은, 우리 주 예수 그리스도께서 여러분에게 하신 그 일로 내가 여러분을 자랑스럽게 여기는 것만큼이나 확실한 것입니다." (고린도전서 15 : 31 | 새번역)

예수님 당시 엘리트 중의 엘리트였던 바울은 처음엔 예수님을 사기꾼이라고 믿었다. 그래서 예수님을 따르는 제자들을 잡아 죽이는 일에 신념과 열정을 다해 앞장섰다. 하지만 부활하신 예수님을 직접 만난 뒤, 바울은 그가 바로 수천 년을 기다리고 기다려온 메시아라는 것을 알게 되었다.

바울은 그 자리에 고꾸라졌다. 그의 가치관도 함께 고꾸라졌다. 그는 완전히 새로운 사람이 되었다.

죽어야만 사는 삶

바울은 자신이 핍박하고 죽이려던 예수님을 가장 앞장서서 전하는 사람이 되었다. 바울의 "나는 날마다 죽습니다"라는 고백은 죄인이던 옛사람이 날마다 죽어야만 예수님이 자신 속에 살 수 있다는 뜻이다. 이는 자신이 살아 있게 되면 예수님은 자신 속에서 죽고 만다는 뜻이기도 하다. 자신이 죽어야만 하나님의 뜻을 이룰 수 있는 것이다.

예수님도 그렇게 말씀하셨고 그렇게 행동하셨다.

> "내가 진실로 진실로 너희에게 이르노니 한 알의 밀이 땅에 떨어져 죽지 아니하면 한 알 그대로 있고 죽으면 많은 열매를 맺느니라" (요한복음 12 : 24)

예수님은 자신이 죽어야만 비로소 많은 사람을 구원할 수 있다는 사실을 잘 아셨다. 그런데 제자들은 예수님이 죽으면 자신들은 끝장이라고만 생각했다. 제자들은 예수님이 부활하신 다음에야 예수님의 의도를 알아챘고, 더 이상 죽음을 두려워하지 않는 사람들이 될 수 있었다.

예수님을 위해 죽음도 두려워하지 않았던 제자들.

그들은 본래 어떤 사람이었을까?

그들은 예수님의 초청으로 제자가 되었던 사람들이다. 3년 반 동안 예수님과 동고동락했고, 예수님께 직접 가르침을 받았다. 하지만 예수님이 붙잡히고 십자가에 못 박히자 각자 살길을 찾아 도망쳐버렸다. 그들은 예수님이 장차 왕이 되면 자신들도 한 자리씩 차지할 꿈에 부풀어 있었던 것이다.

도망쳤던 그들에게 부활하신 예수님이 나타나셨다. 그들은 비로소 인생도 죽음도 끝이 아니라 영원한 삶이 있다는 사실을 보고 알게 되었다. 그러니 더 이상 죽음 앞에서 겁낼 이유가 없었다. "날마다 죽노라"는 고백은 어쩌면 이를 드러낸 담대한 선언일 수도 있다.

그때부터 세계의 역사는 다시 쓰였다. 죽음을 이기고 부활한 예수님과 그를 따르는 담대한 무리들로 인해 새로운 역사가 시작된 것이다. 죽었던 영혼이 다시 살아나는 생명의 역사가 전 세계에 퍼지기 시작했다.

죽음은 끝이 아니라 새로운 시작이다. 기독교인에게 죽음은 영원한 생명으로 이어지는 길이다. 그래서 짧디짧은 이 땅에서의 삶이 덧없거나 허무하지 않고 더없이 소중한 것이 된다. 시한부 같은 이 땅에서의 삶이 더 가치 있고 의미가 있어 하루하루가 소중해지는 것이다.

그래서 나에게 주신 사명에 더 매진하게 되고, 이 땅에서의 보상을 추구하기보다는 영원한 것을 바라게 된다. 세상을 향해 달려가는 욕심이나 욕망은 어느덧 사라지고, 자기 자신에 대한 연민과 애착도 땅에 묻어버린 채 복음을 향해, 하늘의 부르심을 향해 달려가게 되는 것이다.

12

이런 장로가 되어라

사도행전 6장에는 일곱 집사의 이름과 그들을 뽑게 되는 배경이 나온다. 그들의 이름은 믿음과 성령이 충만한 사람 스데반, 빌립, 브로고로, 니가노르, 디몬, 바메나, 안디옥 사람 니골라다.

열두 사도 외에 이들을 따로 세운 이유는 제자의 숫자가 더욱 불어나 교회 규모가 커지자 정통 유대인이 아닌 헬라파 유대인 가운데 구제에서 소외되는 사람들의 불만도 덩달아 높아졌기 때문이다. 그래서 교인들을 섬기고 돌보는 역할을 일곱 집사가 맡게 된 것이다.

일곱 집사는 교인들 가운데 성령과 지혜가 충만한 사람이었다. 아마 당시의 관행으로 보아 충분한 인원을 추천받아 그중에서 제비를 뽑았거나, 아니면 추천받은 일곱 사람을 모두 인정했을 것이다. 어쨌든 일곱 집사를 뽑은 주체는 교회, 그러니까 교인들이었다.

하지만 이 일곱 집사가 교인들에게 충성했다는 표현은 사도행전 그 어디에도 없다. 이들은 오로지 하나님께 충성했을 뿐이다.

일곱 집사, 일곱 장로

일곱 집사 가운데 우리가 잘 아는 스데반은 은혜와 권능이 출중해 큰 기사를 행했다. 그는 유대인들의 시기로 인해 붙잡혔을 때 유대인들이나 죽음을 조금도 두려워하지 않고 그리스도의 복음을 담대하게 전했다. 결과는 죽음이었지만, 그의 담대하고도 경건한 죽음은 예수님을 핍박하는 데 앞장서던 바울과 유대인들에게 큰 충격을 주었다.

다른 집사들은 스데반보다 적게 기록되어 있긴 하지만 헌신적으로 복음을 전했다는 공통점이 있다. 이들은 '집사'로 등장하고 있지만 오늘날로 따지면 '장로'로 보는 게 옳다.

일곱 집사의 역할은 오늘날 장로를 비롯한 교회 제직의 역할에 분명한 방향을 제시하고 있다. 오늘날 장로는 교회에서 투표로 뽑는다. 당회나 추천위원회에서 후보를 2배수 또는 3배수로 추천하면 온 교인이 그중에서 투표를 한다.

문제는 뽑은 교인들도, 뽑힌 장로도 착각을 한다는 점이다. "김 장로는 내가 뽑았으니 내 말 잘 들어" 하는 교인도, "이 집사와 박 권사가 나한테 표를 줬으니 잘 보여야지" 하는 장로도 모두 착각을 하고 있는 것이다.

지방선거나 국회의원선거에서는 뽑힌 사람이 자신을 뽑아준 주민이나 국민의 목소리를 경청하고 요구를 잘 수행해야 할 책임이 있다. 하지만 교회는 그렇지 않다. 교회 선거도 지방선거나 국회의원선거처럼 후보를 내고 투표 절차를 밟아서 제직을 뽑지만, 거기에는 하나님이 계획하시고 진행하신다는 신앙이 배어 있다. 따라서 그 결과도 당연히 하나님이 뽑으신 것으로 믿는다.

한마디로 선거, 즉 사람을 뽑기 위한 시작과 진행, 결과의 주인은 하나님이시다. 그러니 뽑힌 사람이 충성할 대상도 사람이 아니라 하나님이 되는 것이다.

오늘날 장로와 관련해 교회 분란이 왜 일어나는가? '사람들이 나를 뽑아주었다'는 잘못된 생각에서 비롯된다. 이것은 신앙관의 문제로 첫 단추부터 잘못 끼운 것이라 할 수 있다.

사람들이 나를 뽑아주었다고 생각하면 사람들의 눈치를 보게 되고 그들의 입김을 살피게 된다. 만약 교회나 목사에게 불만이 있는 몇 사람이 그 장로에게 모이면 어떻게 될까? 장로가 불만의 대변자가 된다. 분란의 씨앗이 되는 것이다.

장로라는 직분을 냉철히 따져보면 목사와 대등하지도 않고 경쟁자도 아니며, 교회 대표인 목사에게 잘 협력하는 조력자다. 장로는 교회를 이끌거나 앞장서는 사람이 아니다. 그런데 착각을 한다. '내가 목사를 오게 할 수도 떠나가게 할 수도 있다'고 생각하는 것이다. 이것은 성경의 원리가 아니다.

장로는 목사를 돕고 협력하는 역할

목사는 교회의 대표로서 교인들의 아픔을 챙기고 기도하고 돌봐야 할 책임이 있다. 장로는 그런 목사를 잘 돕고 협력하는 역할을 한다. 그런데 목사를 치면서 사사건건 태클을 걸고 목회를 잘하라고 요구하는 장로가 있다. 특히 장로가 목사보다 나이가 많을 경우 목사의 입장에서는 기분이 나빠서도, 주눅이 들어서도 목회를 제대로 할 수 없다.

그래서 관점이 중요하다. 교회는 무엇이고, 목사는 누구이고, 장로는 어떤 역할을 해야 하는지 성경의 관점에서 제대로 볼 수 있어야 한다.

장로는 후보가 되는 그날부터 하나님께 무릎 꿇어 기도하고 교회를 위해 헌신하겠다고 결심해야 한다. 그런데 '내가 장로가 되어서 목사를 내 마음대로 해야지', '교회를 내가 원하는 대로 움직여야지', '장로니까 충분히 그럴 수 있지' 하고 생각하는 순간 그 장로는 모든 것을 잃게 된다. 불행하게도 현재 한국교회에는 그런 장로가 너무 많다. 선거를 세상의 관점으로만 해석하기 때문이다.

그런데 선거를 통해 당선된 장로도 문제가 있지만, 반대로 선거에서 떨어진 사람도 문제를 일으킬 때가 있다. 교회를 비방하고 목사 욕을 하며, 심지어는 일부 지지 교인들을 데리고 교회를 나가버리는 경우도 있다. 선거에서 떨어지면 '아, 하나님께서 나를 좀 더 성숙하게 하셨구나' 하고 받아들이는 것이 일반적인데, '목사 때문에 그랬다'며 책임을 전가하고 교회 분란을 조장하는 것이다.

이런 일이 교회에서 빈번하게 발생하는 이유는 후보자를 세울 때 신앙이 아니라 사회적 지위를 내세우기 때문이다. 사도행전 6장에서 일곱 집사를 뽑는 기준은 '성령과 지혜가 충만한 사람'이었다. 그런데 오늘날 한국교회에서 장로를 뽑을 때 사회적 지위나 돈을 기준으로 삼는 경우가 있다. 그러니 온갖 부작용이 생기고 분란이 일어나는 것이다.

성경대로 보자면 장로로 선출됐다는 것은 하나님이 세우신 것이다. 사람의 눈치를 보고 사람한테 고개 숙일 필요가 전혀 없다는 뜻이다. 장로를 세우신 하나님의 뜻은 목사를 세워주고, 목사가 힘들 때 붙잡아주고 함께 울어주라는 것이다. 그렇게 해서 함께 교회를 일으켜야 한다.

그런데 그렇게 하지 않으니 장로를 대하는 목사의 마음도 냉랭해진다. 장로가 무슨 말만 하면 전투적으로 변하고, 장로를 보면 방어적인 자세부터 취한다. 그러면 교인들이 손해를 본다. 이것은 교회가 무너져 내리는 것과 똑같이 부정적인 효과를 가져온다.

교회는 교회 건물을 말하는 것이 아니다. 성도들이 교회다. 그러니 하나님에 대한 뜨거운 충성심과 열정, 서로에 대한 신뢰와 사랑이 없이는 교회라고 할 수 없다.

요즘 심리학이 다시 유행이다. 그만큼 서로에 대한 신뢰와 대화가 사라지고, 외로워하고 우울해하는 사람이 많다는 방증이다. 그런데 교회에서마저 가면을 쓴 채 겉으로만 인사하고 형식적으로 "기도할게요"라고 한다면 제대로 된 교회라 할 수 없다.

내가 정말 힘들고 괴로울 때 속사정을 꺼내놓고 위로를 받는 곳이 교회다. 그런데 그런 속사정을 꺼내놓는 순간 교회가 뒤숭숭해지고, 그 얘기를 꺼낸 사람은 교회를 멀리하게 된다.

한국교회 가운데 우리들교회는 서로의 아픔에 같이 울어준 것 때문에 성공한 교회라 할 수 있다. 그 교회에서는 남편이 바람피운 얘기도 다 하고 별별 얘기를 다 하지만, 그것을 모두 품어주고 서로 용서해주어 더 끈끈해진다고 들었다. 그게 살아 있는 교회다.

하나님께 기도하며 교회를 위해 헌신하기로 작정한 장로는 먼저 자신의 부족함을 고백해야 한다. 그러면 당회도 부드러워진다. 그 부드러움과 따스함이 교인들에게 흘러가 자연스레 교인들도 자신의 허물을 터놓게 된다. 그렇게 서로서로 품어주는 교회가 된다. 이것이 바로 교회를 위한 장로의 역할이다.

장로의
롤 모델

01

청년에게서
조선의 미래를 보다

– 이상재 장로

              깜깜한 사위를 밝히는 것은 한 자루의 촛불이다. 나라의 운명이 위태롭던 구한말, 이상재는 암울한 민족을 밝힐 수 있는 이들은 청년이라 믿었다. 이상재는 "노인이 청년이 되어야지, 청년보고 노인이 되라고 할 수는 없다"는 자신의 말처럼 500년이 다해가는 조선의 운명을 새롭게 만드는 길을 청년에게서 찾았다.

    충남 서천군 한산면의 양반 가문에서 태어난 이상재는 어릴 적부터 한문 공부에서 두각을 나타냈다. 그러던 어느 날, 동네 부잣집과 선산 문제로 소송이 벌어졌고 가난한 그의 집안이 패소하고 말았다. 이때 이상재는 서천 군수에게 찾아가 아버지 대신 옥살이를 하겠다고 우겨 결국 감옥 생활을 감당했다. 그만큼 의기가 가득한 분이었다.

    억울함으로 분을 삭이던 그는 출소 뒤 상소해 끝내 재판에서 승소했다. 이때부터 그의 가슴속에는 과거에 합격해 정의로운 사회를 만들겠다는 의지가 끓어올랐다. 어릴 적부터 학문을 닦아온 터라 18세에 과거 시험에 응시했지만 낙방의 고배를 마셨다. 그 당시 팽배했던 돈과 인맥을 동원한 매관매직의 희생양이 되고 만 것이다.

매관매직의 희생양이 되다

이때 고향에 내려가 농사나 짓겠다는 그를 친척이 당시 진보적 정객이었던 박정양에게 소개했다. 이상재의 총명함을 알아본 박정양은 그를 1881년 제1차 신사유람단 일행에 포함시켰고, 발달된 일본 문물을 접한 이상재는 조선도 하루빨리 개항해서 선진 문물을 받아들여야 한다고 생각했다.

이러한 신사유람단의 건의는 3년 뒤인 1884년 우정총국의 개설로 나타났다. 이상재는 홍영식의 추천으로 인천 우정국에서 근무했다. 하지만 그해 12월 갑신정변으로 개화파가 물러나자 이상재도 관직을 내려놓고 낙향했다. 그러다가 1887년 박정양의 초청으로 상경했고, 그해 6월 박정양이 초대 주미공사로 발령받아 갈 때 이상재도 영사 서기로 임명받아 함께 미국행 배에 올랐다.

하지만 이상재는 미국의 엄청난 문물을 직접 눈으로 보고 배우던 차에 청나라의 압력을 받은 조정에 의해 1년 만에 소환장을 받고 귀국길에 올라야 했다. 이후 학무참사관, 법무참사관 관직에 올랐고 독립협회에서 임원을 맡아 〈독립신문〉 창간에도 기여했다.

하지만 외세 배격과 자주적인 힘을 키우자는 내용의 상소를 올렸다가 조정에 의해 구속되었다. 10일 만에 석방되었으나 독립협회가 해산됨에 따라 이상재는 모든 관직에서 물러나고 말았다. 그러다가 1902년 탐관오리의 부패상을 지적했다는 이유로 집권층에 의해 다시 구속된다. 이상재는 이때 제임스 게일(이상재는 '기일'이라 호칭했다) 선교사가 전해준 성경과 『천로역정』을 읽고 감옥에서 회심을 경험하게 된다. 54세의 나이에 기독교에 입문하게 된 것이다.

이상재는 자신의 회심에 대해 이렇게 말했다.

"위대한 왕의 사자가 기회를 주었지만 거절했고, 그래서 옥에 가두어 신앙의 기회를 다시 한번 준 것이다. 회개하지 않으면 그 죄는 이전보다 더욱 클 것이다."

이는 자신이 감옥에서 들었던 '주의 사자'의 말을 전한 것이었다.

이상재의 회심을 지켜본 YMCA 브로크만 Frank Brockman 선교사는 이렇게 말하고 있다.

"그는 주님을 믿게 되었고 민족의 위대한 지도자가 되었다."

이후 이상재는 석방되었다가 1904년 3월 뚜렷한 이유도 없이 다시 투옥되었다. 그러자 옥중에서 경험했던 회심과 믿음은 온데간데없고 좌절과 의심만이 그를 사로잡았다. 그러던 중 감방 멍석 밑에 깔려 있던 「한문 요한복음」이 눈에 들어왔다. 그는 「요한복음」을 읽어나가며 하나님께 믿음의 눈을 열어달라고 간구했다.

게일 선교사는 재수감 뒤 이상재가 한 체험을 1928년 미국의 선교잡지 〈미셔너리 리뷰 오브 더 월드〉에 이렇게 기록하고 있다.

"믿을 수 있겠는가. 내가 책을 읽고 있는데 예수께서 내 앞에 서셨다. 거룩하고 위대한 구세주였다. 나는 지금까지 완전히 그를 잘못 알고 있었다. 그는 바로 하나님이셨다."

예수 믿고 청년에 눈뜨다

이상재가 청년에 눈을 뜬 것도 이 시기였다. 1904년, 러일전쟁 여파로 시국이 더욱 어수선한 가운데 그는 돌연 석방되었다. 게일 선교사의 인도로 연동교회에 출석한 그는 황성기독교청년회 운동에 본격 참여하게 된다. YMCA는 독립협회에 참여했던 청년들의 요청과 질레트 선교사의 내한과 실사를 거쳐 1903년 황성기독교청년회를 공식 창립했다. 이때 이상재는 초대 조선인 총무로 활동했다.

이상재는 스포츠 활동이 독립과 구국을 위한 일이라 굳게 믿었다. 그는 늘 "장사 100명만 양성하면 나라에 대하여 걱정할 일이 없다"고 강조했다. YMCA에 유도와 검도를 보급한 사람도 이상재였다. 그는 "건강한 육체에 건강한 정신이 깃든다"는 말처럼 체육이 민족을 강하게 하고 결국에는 독립과 자강을 이루게 할 것이라 믿고 실천했다.

1914년에는 전국의 기독교청년운동단체를 통합해 조선기독교청년연합회를 조직했다. 이것은 1919년 동경 유학생 중심의 2·8 독립선언과 민족독립의 분수령이 되는 3·1운동의 초석이 되는 사건이었다. 그만큼 그는 청년들을 통해 민족을 재건하려는 열정으로 가득한 인물이었다.

1908년에는 부여 군수로 임명돼 잠깐 근무하던 중 둘째 아들이 사망하자 군수직을 사임하고 YMCA 종교부 총무를 맡았다. 1911년에는 연동교회 장로로 피택되었는데, 연동교회는 이상재에 대해 이렇게 기록하고 있다.

> "가난한 천민이 많았던 지역에 자리한 연동교회에 1904년 이상재를 비롯한 정부 관리와 사대부 양반들이 출석하면서 반상타파에 선구적 역할을 했으며, 천민 출신 고찬익 조사를 투표를 통해 장로로 장립하는 등 우리나라 민주주의의 첫발이 되기도 하였다."

반상의 구분이 철저하던 시대에 이상재 등이 신분제 철폐의 선구자 역할을 했다는 점을 강조하고 있는 것이다. 하지만 이상재는 어려운 나라를 생각할 때 교회에만 머물러 있을 순 없다고 판단했다. 결국 피택 장로를 사임한 그는 전국 교회를 다니며 민족의 독립·자강운동에 헌신했다.

그는 소년연합척후대(보이스카우트) 초대 총재와 조선일보 사장을 맡았고, 1927년에는 국내 좌우 시민운동을 통합한 신간회 초대 회장을 맡았다. 청년운동을 기반으로 언론과 사회, 정치개혁을 펼쳐나간 것이다. 하지만 그해 3월, 지병이 악화돼 향년 78세로 하늘의 부르심을 받았다.

어찌 보면 예수님을 영접하고 하늘나라로 가기까지 약 25년 동안을 이 땅의 청년들을 향해, 기울어가는 민족을 청년처럼 만들기 위해 스스로 가슴 뜨거운 청년으로 살았던 셈이다. 병약한 몸이 쇠하여 쓰러지는 그날까지 이상재 장로는 YMCA 운동과 신간회를 통해 꺼져가는 민족의 등불을 밝히려 노력했다.

이상재 장로의 부고 소식이 알려지자 놀라운 일이 벌어졌다. 신분과 이념을 초월해 전국의 지도층과 민중이 20만 명이나 모여든 것이다. 그의 장례식은 우리나라 최초의 사회장으로 기록되었고, 그에게는 '영원한 청년'이라는 별칭이 붙어 있다.

02

농사로 한국을 일깨우다

– 김용기 장로

김용기 장로는 일제의 통치가 본격화 되기 1년여 전인 1909년 9월 남양주의 가난한 한학자 집안에서 태어났다. 갓난아기였을 때 심하게 앓았는데, 이때 한 권서인(선교 초창기 때 전도지나 쪽복음을 배부하거나 팔면서 예수 그리스도의 복음을 전했던 사람)이 주고 간 책자에는 다음과 같은 글귀가 적혀 있었다.

"하나님이 세상을 이처럼 사랑하사 독생자를 주셨으니 이는 저를 믿는
자마다 멸망치 않고 영생을 얻게 하심이라."

한학자인 아버지에게 이 글귀는 천둥소리와도 같았다. 맹자의 '순천자흥順天者興 역천자망逆天者亡'과 같은 뜻이었기 때문이다. 결국 온 집안이 예수를 받아들이기로 했고, 앓던 아이도 건강해졌다. 이때부터 복음은 김용기 장로의 생각과 삶 속에 깊숙이 뿌리를 내리기 시작했다.

아버지가 어린 아들에게 반복해서 강조한 말이 있었다.

"이 세상에서 가장 부끄러워해야 할 것이 일하지 않고 앉아서 먹는 일이다. 땀 흘려서 먹는 것이야말로 가장 떳떳한 일이다."

"농사꾼이 되어라"

아버지가 김용기에게 유언으로 남긴 말도 "너는 꼭 농사꾼이 되어라"였다. 가나안농군학교의 표어가 "일하기 싫으면 먹지도 말라"인 이유이기도 하다. 그러니까 농사는 김용기가 평생 짊어지고 가야 할 운명 같은 것이었다.

어린 시절 아버지가 마을에서 3·1운동을 주도하는 것을 목격한 김용기는 나중에 독립운동가 여운형이 설립한 광동학교에 입학했고, 거기서 뛰어난 성적을 거두며 반장이 되기도 했다. 1926년 결혼 후엔 일제와 싸우리라는 결심을 하고 만주로 건너갔다. 봉천(심양) 서탑교회에서 이성락 목사를 만나 자신의 포부를 밝히자, 이 목사는 그보다는 고향에서 농촌계몽운동을 하는 것이 더 필요하다고 설득했다. 김용기는 그 뜻을 받아들여 귀국했고, 아버지가 남긴 유언을 생각할 때 다른 길을 갈 수는 없었다.

하지만 성공과 명성은 거저 주어지는 법이 없고, 이는 김용기에게도 마찬가지였다. 처음 농사를 짓기 시작한 지 2년 만에 그는 동네에서 '최고의 농사꾼'이라는 칭찬을 얻었다. '이상촌'을 가슴에 품고 있던 김용기는 거기서 만족할 수 없었다. 이상촌을 건설하려면 자금이 필요했고, 그러려면 장사를 하는 게 상책이었다.

그는 200원을 빌려 잡화상과 이발소를 겸한 가게를 철도공사판 옆에 차렸다. 그렇게 해서 철도공사 2년 동안 목표액 5천 원 중 3천500원을 마련할 수 있었다. 그래서 돈을 버는 게 어려운 일이 아니라 생각한 김용기는 금광 투자에 손을 댔다가 무일푼 신세가 되고 만다. 이때 농사꾼이 돼라는 부친의 유언을 다시 떠올린 그는 집으로 돌아왔다. 농사와 만주에서 본 이상촌 건설이 하나님이 자신에게 주신 소명이라는 것을 깨달았기 때문이다.

김용기는 이웃에게 사정사정해서 빌린 돈으로 마을 너머의 산 3천 평을 샀다. 그리고 과실수와 간작용 종자, 비료를 구입한 뒤 부인과 함께 개간에 착수했다. 그러자 주위에서 칭찬은커녕 "똑똑한 사람이 오죽 할 일이 없으면 황무지를 파고 있겠냐"고 핀잔과 힐난만 했다. 한 친척은 "너 같은 놈이 우리 집안에 태어난 게 유감"이라고까지 했다. 장인어른조차 "자네 같은 사람한테 딸을 시집보낸 게 못내 원통하네" 하고 말할 정도였다.

하지만 남들이 뭐라고 하든 개의치 않고 김용기 부부는 이상촌 건설이라는 꿈을 향해 뚜벅뚜벅 걸어갔다. 누구도 그들을 말릴 수 없었다. 부부는 개간 첫해부터 결실을 거두기 시작했다. 과실수 사이에 심은 고구마가 40가마 수확이라는 대풍을 거둔 것이다. 그러자 비웃던 사람들이 존경의 눈으로 김용기 부부를 바라보기 시작했다.

민둥산 같았던 그 산은 3년 만에 옥토로 바뀌었다. 김용기는 그 산을 팔아 빚을 갚은 다음, 이번에는 본격적인 이상촌 건설을 위해 마을 앞산 4천100평을 사서 개간에 착수했다. 그는 이상촌의 이상적인 호구 수를 10호로 정하고 동지들을 모은 뒤, 소득 창출을 위해 집집마다 닭, 토끼, 돼지를 기르게 했다. 또한 동지들의 영양을 위해 집집마다 산양을 길러서 젖을 짜 먹게 했다.

이상촌 건설의 일념으로

김용기는 이상촌 건설에 자신의 모든 에너지를 쏟아부었다. 주식도 쌀이 아닌 잡곡과 고구마로 바꾸었고, 사치스러운 생활은 철저히 금하며 옷은 활동하기 편하게 개조해 입게 했다. 농기구는 마을에서 공동으로 관리했고, 마을 공동자금을 만들어 공동의 일에 사용하기도 했으며, 돈이 필요한 이들에게는 무이자로 대부해주기도 했다. 고구마를 땅속에 1년간 저장하는 법도 김용기의 머리에서 나왔다. 그만큼 그는 농민을 사랑했고, 이상촌을 건설하겠다는 열망으로 불타고 있었다.

40명으로 시작한 봉안 이상촌은 5년 뒤 64명으로 늘어나는 등 눈부신 발전을 이루었지만, 일제의 탄압 광풍은 봉안 마을에도 불어닥쳤다. 김용기는 어릴 적 몸에 밴 그대로 하나님 외에 다른 것은 결코 신앙의 대상으로 받아들일 수 없었다. 궁성요배, 창씨개명을 모두 거부한 그는 경찰서에 끌려가 매를 맞았고, 맏아들은 퇴학을 당했다.

그래도 그는 굽히지 않았다. 1943년엔 독립투사, 학병 탈주자들을 이상촌에 숨어 지내게 했다. 몽양 여운형도 이상촌에 피신했다가 광복을 맞았다. 광복 후 김용기는 이상촌 확산을 위해 상경했다가 신탁통치 반대 선언문을 돌리던 중 체포되기도 했다.

하지만 농촌 이상촌 건설을 향한 그의 꿈은 누구도 꺾을 수 없었다. 그가 고양군(지금 고양시) 삼각산 자락에 개척한 농장에는 김성수, 조병옥, 함석헌, 이형필 등 유명 인사들이 다녀가기도 했다. 1952년 5월엔 용인 땅 6만여 평을 구입해 에덴향 건설에 착수했고, 1954년 11월엔 광주군(현 하남시) 동부면 풍산리의 황무지 1만여 평을 구입해 가나안 농장 건설에 착수했다.

이때부터 김용기 장로는 세 아들과 함께 의식주 생활개선, 의식 간소화, 미신 타파 등 생활혁명을 강연하고 다녔다. 그 무렵 5·16으로 집권한 박정희 군부가 만든 재건국민운동본부 경기도 지부의 위촉으로 3천 명을 교육하기도 했다.

1962년 2월에는 박정희가 최고위원 전원과 장관 전원을 대동하고 직접 가나안 농군학교를 찾아왔다.

박정희는 김용기에게 이렇게 말했다.

"이 가정, 이 농장은 우리보다 먼저 혁명을 했습니다. 우리 국민이 모두 이렇게 한다면 우리나라의 후진성이 급속히 없어지게 될 것입니다."

1966년, 김용기는 농민으로서는 아시아 최초로 막사이사이상을 수상했

바른 장로

다. 수상을 하러 가기 위해 비행기 트랩에 오르는 그의 복장은 흰 두루마기에 하얀 고무신이었다. 주위에서 양복을 입으라고 권했지만, 그는 이를 거절하며 이렇게 반문했다.

"한복을 입어야 내가 한국 사람이라는 것을 알지 않겠습니까?"

김용기 장로는 자신이 한국인이라는 것을 자랑스러워하고 농민인 것에 당당했던 참으로 멋진 분이었다.

김용기 장로는 조선 독립의 선봉장이 되겠다며 만주로 갔다가 다시 한국으로 돌아와 강화도 마니산에서 40일 기도를 한 적이 있었다. 이때 그가 깨달은 것은 농사의 소중함이었다.

"농사야말로 산업의 원동력이다. 주권을 회복하려면 경제 자립을 해야 하고, 그러려면 지식인일수록 농사에 참여해야 한다."

김용기 장로가 농민을 굳이 '농군農軍'이라 한 것도 외적의 침략보다 더 무서운 가난과 부패를 몰아내려면 정직과 성실, 꿈과 비전으로 충만한 농군이 필요하다는 믿음 때문이었다.

민족의 스승이자
지도자

– 조만식 장로

고당 조만식은 장로의 역할이 교회를 넘어 민족과 사회에 닿아 있음을 보여준다. 그는 십대에 접한 복음을 따라 새사람이 되었고, 평생 교회와 민족을 위해 자신을 바쳤다.

아버지의 가르침을 따라 일찍이 상업을 배운 조만식은 큰 실패를 맛본 뒤 노름에 빠지고 말았다. 그 무렵 러일전쟁의 발발로 일가족은 대동강 중류의 베기섬으로 떠나야 했다. 인생도 민족도 하나같이 앞날이 보이지 않는 캄캄한 나날이었다. 이때 어릴 적부터 함께 배우며 자란 친구 한정교가 조만식을 일깨웠다.

"지금 이럴 때가 아닐세. 예수님을 믿고 나라를 살려야 하네."

그 순간, 망치로 얻어맞은 것 같은 충격과 함께 정신이 번쩍 들었다. 그리고 그는 친구의 권유로 평양 숭실중학교에 입학하기로 결심했다. 그때만 해도 영락없는 술주정뱅이였던 조만식을 본 숭실학교 설립자이자 교장 배위량(윌리엄 베어드William Baird의 한국 이름) 박사는 한심하다는 표정으로 물었다.

"공부해서 뭘 할 건가?"

조만식이 대답했다.

"공부해서 하나님의 일을 하겠소."

그 한마디에 감동한 배위량은 그 자리에서 조만식의 입학을 허락했다.

스물셋, 늦깎이 숭실중학생

스물세 살의 늦깎이 중학생 조만식은 누구보다 열심히 공부하고 운동도 하고 친구들을 사귀었다. 그리고 적극적으로 전도하고 기도했다. 조만식은 뒷날 숭실학교 시절을 이렇게 회고했다.

"거기는 반목도 질투도 시기도 파벌도 너와 나도 없는 참사귐이었으며 참낙원이었다."

복음이 그를 새사람이 되게 하고 새로운 세계에 눈뜨게 한 것이다.

숭실중학교 졸업 후 조만식은 '하나님의 일을 위해 더 배워야 한다'는 생각으로 일본 유학길에 올랐다. 1908년, 그는 도쿄 세이소쿠영어학교 3년 과정을 다녔다. 이때 접한 간디의 자서전에 영향을 받아 그는 평생 무저항, 평화주의의 길을 걸었다. 그가 '조선의 간디'로 불렸던 배경이다.

이후 메이지대학 법학부에 진학했고, 졸업 후 우리나라의 대표적인 기독교 학교이자 민족학교였던 평안북도 정주의 오산학교 교사로 부임했다.

조만식은 오산학교의 전통을 따라 학생들과 함께 생활했다. 아침체조부터 청소, 나무하기, 장작 패기를 같이 하며 학생들과 서슴없이 어울렸다. 그가 경건회를 주관할 때는 민족을 위한 설교와 기도가 빠지지 않았다.

조만식은 부임한 지 1년도 안 되어 오산학교의 학교 기풍을 바꿔놓았다. 학생들의 가슴은 뜨거운 신앙으로 불타올랐고, 교직원은 물론 졸업생까지 똘똘 뭉쳐 학교와 민족을 위해 살겠다는 열망으로 가득했다.

그는 오산학교 부임 2년 만에 교장이 되었다. 교장이자 사감, 교목이었다. 그 당시 오산학교에서는 주기철, 한경직, 함석헌, 독립운동가 김홍일, 백병원 설립자 백인제가 장차 교회와 민족을 이끌 재목으로 자라고 있었다. 경건회나 수신 시간이면 조만식 교장이 성경을 가르치며 빼놓지 않고 강조한 것이 있었다. 인자로 세상에 오신 예수님이 인간에게 주셨던 교훈은 바로 눈물과 땀과 피, 그러니까 사랑과 일, 희생이므로 우리도 이것을 본받아 나라를 사랑하고 나라를 위해 수고하고 희생해야 한다는 것이었다.

하지만 나라와 민족을 향한 사랑과 희생을 말로만 할 수는 없었다. 그것은 새사람이 될 때 비로소 가능한 일이었다. 조만식은 자신의 경험을 토대로 새사람이 되는 일은 예수를 믿을 때 가능하다는 것을 가르쳤다.

그는 민족을 사랑하는 방법도 솔선수범해 보여주셨다. 그것은 자급자족이었다. 조만식은 예수를 믿고 난 뒤 양복 대신 한복만 입고 다녔으며, 일본 물건 대신 조선 물건만 사용했다. 양치질도 소금으로 하고 비누로 세수하는 법이 없었다고 한다. 훗날 물산장려운동을 일으켜 민족을 일깨운 것도 이러한 평소의 실천에서 비롯된 것이었다. 그는 말이 아닌 몸으로, 삶으로 나라 사랑을 보여준 진정한 지도자였다.

조만식에게 신앙은 인격과 삶을 변화시키는 것이었다. 신앙은 예수 믿고 하늘나라 가는 것으로 끝나는 것이 아니라 이 땅에서 사회와 민족을 바꾸고 살리는 엄청난 힘이 있었다. 조만식은 이것을 믿고 그대로 실천한 신앙인이었다.

그는 신앙은 복권처럼 믿어서 나 한 사람 잘살고 행복해지는 것으로 끝나는 게 아님을, 오히려 그리스도처럼 자신을 희생하고 바침으로써 수많은 사람을 살리고 민족을 살리는 것임을 몸소 보여주었다. 그는 옳지 않은 일과는 결코 타협하는 법이 없었다.

일제의 모진 핍박과 공산주의의 험난한 탄압을 겪으면서도 조만식은 한 번도 '일본놈', '빨갱이놈' 같은 거친 말을 입에 담은 적이 없었다. 그는 예수님께서 보여주신 대로 비록 죄는 미워하되 죄인은 그가 누구든 사랑했다. 항상 평화를 추구하고 평화를 사랑한 사람이었다.

민족을 사랑한다고 해서 교회생활을 소홀히 한 것은 아니었다. 조만식은 1921년 평양 산정현교회의 집사가 되고 이듬해에는 장로가 되었다. 그는 교회에서는 언제나 겸손했다. 간혹 예배시간에 늦을 때면 다른 사람들과 함께 교회 입구에서 기도가 끝날 때까지 기다렸다가 입장했으며, 교회에서는 항상 앞자리에 앉았다.

조만식 장로는 당회에서도 꼭 필요한 말 외에는 별로 발언을 하지 않았지만, 올바른 결정으로 교인들을 선도할 수 있었다. 그가 그냥 앉아 있기만 해도 그의 인격에 감화된 교인들이 당회에서 화합과 일치를 이루었기 때문이다.

그 목사에 그 장로

일제의 신사참배 강요가 본격화되던 1936년, 산정현교회에는 새로운 담임 목회자가 필요했다. 이때 교회는 조만식 장로를 청빙위원으로 삼아 마산 문창교회에서 목회하던 주기철 목사를 모셔온다. 이 일이 가능했던 것은 오산학교 사제지간이라는 개인적 인연 때문이기도 하지만, 교회와 민족을 위한 일에 대한 목사와 장로의 각오와 헌신이 일치했기 때문일 것이다. 그 목사에 그 장로, 그 장로에 그 목사였다. 그 때문에 산정현교회는 신사참배에 굴하지 않은 교회로 오늘날까지 이름이 빛나고 있는 것이다.

조만식 장로는 일제시대 때는 YMCA 총무·신간회 평양지회장으로, 해방 후엔 건국준비위원회 위원장으로 나라를 회복하고 세우는 일에 힘썼다. 나라의 독립을 위해 반탁운동을 벌이던 그는 1946년 5월 부인 등 가족을 먼저 남한으로 내려보냈다. 이때 그는 만일에 대비해 자신의 머리카락도 잘라서 부인에게 주었다.

그에 앞서 1946년 2월 저명인사들이 조만식 장로에게 월남을 권유했지만, 그는 "이북 동포들이 고통받고 있는데 나 혼자만 월남할 수 없다"며 끝내 따르지 않았다. 6·25전쟁 이후 생사가 묘연했던 조만식 장로는 1950년 10월 18일 평양감옥에서 총살을 당했다는 소식이 나중에야 알려졌다.

1970년 8월 15일, 최고의 훈장인 건국훈장 대한민국장이 조만식 장로에게 수여됐다. 1991년 11월 5일, 행방을 알 수 없는 유해 대신 그가 남긴 머리카락과 수의가 국립묘지 제2 유공자묘지에 안장되었다.

조만식 장로의 삶은 신앙이 얼마나 많은 이에게, 얼마나 오랜 시간 동안, 얼마나 많은 영역에서 영향을 끼치고 변화를 일으킬 수 있는지를 보여준다. 그는 신앙으로 새사람이 되었고, 신앙으로 교회와 민족을 위해 살았다.

04

평생 주님을 섬기다
떠난 사람

– 장기려 장로

누구나 한때 좋은 뜻을 품을 수는 있지만 그 뜻을 평생 품고 실천하는 것은 아무나 할 수 없는 일이다. 장기려 장로의 삶을 대하면 자연스레 이 말이 떠오를 수밖에 없다.

장기려에게 의술은 돈을 버는 직업이 아니라 하나님께 부여받은 이 땅에서의 평생 소명이었다. 평안북도 용천에서 태어난 장기려는 갓난아기 때 어머니가 여선교사의 전도로 예수님을 믿게 되어 개성의 미션스쿨 송도고등보통학교에 입학했다. 그는 이때 평생 교회와 사회를 위해 살겠다고 다짐했다.

유독 가난하고 병든 사람이 많았던 시대에 장기려는 의사가 되는 것이 그들을 위한 길이라 생각했다. 그래서 경성의학전문학교(서울대 의대)에 진학해 수석으로 졸업한 뒤 평양연합기독병원(기홀병원)에서 근무했다. 그러다 의학 공부를 더 해야겠다는 생각이 들어 일본 나고야제국대학 의학부에서 의학박사 학위를 취득한 뒤 다시 평양 기홀병원으로 복귀했다.

평생 가난하고 병든 자들의 벗으로

장기려의 의사 생활이 어땠는지는 많은 사람이 알 정도로 널리 알려져 있다. 그는 월급을 받으면 가난한 사람들에게 다 기부하고 집에는 겨우 식량을 사 먹을 정도의 돈만 가져다주었다. 10대에 미션스쿨에서 했던 다짐 그대로 그는 평생 가난하고 병든 자들의 벗으로 살았다.

하지만 장기려처럼 좋은 뜻을 품고 사는 사람들을 세상이 가만히 내버려둘 리 없었다. 1942년, 일제는 김교신의 〈성서조선〉이 조선의 민족혼을 일깨우고 반일감정을 선동한다는 이유로 폐간 처분을 내렸고, 이때 장기려도 12일의 구류 처분을 받았다. 단지 〈성서조선〉의 구독자라는 것이 이유였다.

해방 뒤 장기려는 계속 평양에 남았다. 그는 1945년 11월 평양도립병원 원장으로 취임했고, 평양의대 외과교수로도 근무했다. 그런데 6·25전쟁의 발발로 유엔군이 평양에 진주했고, 중공군이 개입하면서 장기려는 1·4후퇴 때 혈혈단신으로 월남했다. 1·4후퇴 때 피난을 떠난 많은 사람이 그랬듯이 장기려도 전쟁이 곧 끝나 다시 가족을 만날 수 있을 것으로 생각했다. 하지만 전쟁은 남북분단으로 이어졌고, 그는 북에 두고 온 아내를 다시 만날 수 없었다. 이후 그는 미안함과 한을 간직한 채 평생 혼자 지냈다.

피난지였던 부산에서도 그의 인술仁術은 이어졌다. 밀려드는 피난민과 부상병을 치료하기 위해서는 번듯한 병원이 아니라 당장 노상 병원이라도 차려야 할 판이었다. 그때 장기려는 대형 천막 3개를 얻어 부산 영도에 천

막 병원을 열었다. 이것이 고신대 부속 복음병원의 시작이었다. 그 당시 그는 병원비가 없어서 퇴원하지 못하는 환자들을 위해 월급을 가불해 대신 내주는가 하면, 직원들의 눈을 피해 밤에 몰래 병원 뒤쪽 철조망을 뚫고 내보내주기도 했다.

그 무렵 장기려는 일제시대 때 신사참배를 이겨낸 한상동 목사가 시무하던 부산 산정현교회에 출석했다. 부산 산정현교회 교회사에는 장기려가 1대 장로로 기록되어 있다.

그는 감투가 아니라 본연의 임무에 충실한 사람이었다. 평양병원 과장으로 있을 때 모함을 받아 과장 옷을 벗는 일이 있었다. 그래도 그는 진료를 계속했다. 과장으로 있을 때나 과장직을 내려놨을 때나 똑같이 의사로서 진찰하고 병원 일을 처리했던 것이다.

"내가 의사가 된 것은 병을 고쳐주기 위해 된 것이지 과장이 되기 위해 의사가 된 것은 아닙니다."

이런 장기려에게 감투는 하나도 중요하지 않았다. 그는 오직 의사로서 환자를 치료하는 본연의 임무에 충실했을 뿐이다.

장기려 장로는 복음병원에서 젊음과 신명을 다 바쳤지만, 재정적자 때문에 정년을 5년 앞당겨 65세에 병원장에서 물러났다. 하지만 이는 그의 인술과는 상관 없는 일이었다. 1968년, 그는 가난한 환자들을 위한 청십자의료원을 설립했다. 우리나라 최초의 민간 의료보험이 탄생하는 순간이었다.

이후 장기려 장로는 부산시민상, 막사이사이상, 국제적십자상, 국민훈장, 호암상 등 수많은 상을 수상했다. 당뇨병과 뇌졸중으로 거동이 어려울 때도 그는 매일 청십자병원에서 영세민들을 진료했다. 그리고 1995년 조용히 눈이 내리던 성탄절 새벽, 그는 하나님의 부르심을 받았다. 향년 85세였다.

집 한 칸 없던 병원장

오랜 의사 생활과 병원장 타이틀에도 불구하고 장기려 장로는 집 한 칸 없는 의사였다. 거처라고는 복음병원에서 정년퇴직 때 마련해준 병원 옥탑방이 고작이었다. 사람들은 그를 '한국의 슈바이처'라 불렀다.

사람들은 장기려 장로를 평생 검소하게 살며 가난한 이들을 위해 인술을 실천한 분으로 알고 있다. 하지만 그가 평화를 강조한 분이라는 것을 아는 이는 드물다.

1979년 8월 31일, 막사이사이상을 수상한 장기려 장로는 소감을 이렇게 마무리했다.

"나의 평생에 가장 중요한 것은 평화임을 깨달았습니다. 그러므로 앞으로 나의 온 힘을 평화운동에 기울이겠습니다."

같은 해에 어느 대학에서 '진정한 평화'를 주제로 강연한 그는 이런 말도 했다.

"분열의 주된 원인은 인간이 평화의 주이신 하나님을 거역한 까닭입니다. 사람이 자기 설 자리에 서지 아니하고 하나님의 질서를 파괴한 까닭에 하나님과 사람 사이에 평화가 깨어지고 사람과 사람, 사람과 자연 사이에 평화가 없어졌습니다."

그러면서 평화 부재의 근본 치유책은 평화의 주님을 믿고 순종하는 것이라고 말했다. 개인이 그리스도를 구주로 믿을 때 성령의 전이 되며, 그들의 가정 또한 사회에 사랑과 평화의 공급처가 되고, 사회와 국가는 평화롭게 바뀔 수 있다는 주장이었다.

장기려 장로는 평화가 결코 그냥 주어지지 않는다는 것을 잘 알고 있었다. 사도 바울이 평화의 복음을 전하면서도 평생 율법주의자, 이단 사상과 처절하게 싸워야 했듯이 불의·비진리와 싸우고, 악마의 유혹과 시험을 이기고 승리하는 것이 진정한 평화의 길임을 역설한 것이다.

경기도 마석 모란공원에 안장된 장기려 장로의 비문에는 그의 유언을 따라 이렇게 새겨져 있다.

주님을 섬기다 간 사람.

장기려 장로에게 주님을 섬긴다는 것은 그저 점잖게, 겸손하게 살아간다는 뜻만은 아니었을 것이다. 거기엔 온갖 유혹, 불의와의 처절한 싸움이 있었을 것이고, 때로는 불이익과 불명예를 속으로 삭여야 하는 억울함도 있었을 것이다.

　무엇보다 주님을 섬긴다는 것은 사랑과 평화의 주님 말씀과 부탁대로 살아간다는 뜻이었을 것이다. 장기려 장로에게 주님은 가난하고 병든 자들을 부탁하셨고, 그들을 위해 그는 의사의 길을 선택해 평생 그 일을 충성스럽게 감당했던 것이다.

05

신앙과 한동대
개척의 한평생

– 김영길 장로

없는 길을 만드는 것을 개척이라고
한다. 개척에는 당연히 온갖 난관이 따른다. 사람들의 손가락질과 비난도
드세다. 그래서 개척의 길은 외롭고 힘들며, 웬만해서는 개척의 길을 가려
는 사람이 드물다. 김영길 장로는 바로 그 길을 갔던 인물이다.

김영길은 1995년 한동대 초대총장을 맡아 2014년 은퇴할 때까지 19년
간 무려 네 번이나 연임을 했다. 그는 포항에서도 외진 곳에 있는 한동대를
맡아 세계적인 대학으로 일군 업적으로 유명하지만, 한동대 총장을 맡기
전에도 세계적인 과학자로 명성을 얻었다.

1964년 서울대 금속공학과를 졸업하고 1969년 미주리 과학기술대 금속
공학 석사, 1972년 렌슬러 공대 재료공학 박사학위를 취득했다. 1976년과
1981년 특수합금 개발로 나사NASA 발명상을 수상했고, 1982년 국가훈장
동백장·1986년 세종문화상·1987년 과학계 기자단 선정 올해의 과학자상
을 수상했다. 아울러 1995년에는 미국 저명 과학자 인명사전인 『미국의 과

학자들AMWS』에 한국인 최초로 수록되기도 했다.

김영길이 처음부터 신앙을 가졌던 것은 아니다. 훗날 아내가 될 김영애가 "기독교 신앙이 없으면 결혼하기 어렵다"는 조건을 내걸자 과학자로서의 연구 끝에 마침내 기독교 신앙을 받아들이기로 했다. 그렇게 결혼에 성공한 김영길은 그때부터 기독교를 '연구'하기 시작했다.

그런데 기독교는 인간의 공부나 연구로 쉽게 입문할 수 있는 분야가 아니었다. 하나님의 은혜가 필요했다. 김영길은 결혼 후 수년 동안 교회에 출석만 했는데, 그러다가 비로소 성경에 대해, 하나님에 대해 공부하고 싶은 마음이 일었다.

그는 먼저 요한복음부터 읽어나갔다. 그런데 가나의 혼인 잔치에서 맹물이 포도주로 변하는 황당한(?) 사건이 기록돼 있는 게 아닌가. 물고기 두 마리, 보리떡 다섯 덩어리로 5천 명을 먹인 사건은 어이가 없었다. 두 사건 모두 화학방정식, 질량보존의 법칙을 벗어난 비과학적인 일이었기 때문이다. 성경이 이렇게 비과학적, 비논리적인 사건으로 가득하다니! 김영길은 당연히 고민에 빠질 수밖에 없었다.

그런데 그때 김영길에게 하나님의 은혜가 임했다. 말씀이 육신이 되어 오신 분이 바로 예수님이라는 것이 깨달아진 것이다(요한복음 1 : 14). 창조주 하나님이 곧 예수님이기에 모든 기적이 가능하고, 성경 말씀도 이성을 초월해 얼마든지 가능하다고 받아들일 수 있게 된 것이다. 그야말로 그의 인생에서 BC와 AD가 나뉘는 순간이었다.

복음을 위해 귀국하다

김영길은 12년간의 재미있고 안정적인 미국 생활을 청산하고 1979년 1월 한국과학기술원KAIST 재료공학과 교수로 부임했다. 복음을 모르는 부모와 형제들을 전도하기 위해 내린 결정이었다. 그는 홍릉 과학단지에서 당시 연예인교회를 담당하던 하용조 목사의 인도로 기독교인 과학자들과 함께 성경 공부에 참여했다. 연구실에서의 연구와 성경 공부가 그에게는 가장 행복하고 흥미로운 시간이었다.

1994년 1월, 김영길은 한 지인의 전화를 받았다. 경북 포항에 기독교 대학을 설립하는데 총장을 맡아달라는 제안이었다. 평생 과학자로 살아온 그가 총장을 맡는다는 것은 어불성설이라 정중히 거절했지만, 한편으로 마음에 걸리는 것이 있었다. 무엇보다 기독교 대학을 설립하는 일이었고, 또 "교회에서 7년 동안 신앙훈련을 받았으면 지상명령 성취를 위해 교회를 떠나 세상으로 나가라"는 하영조 목사의 평소 말씀이 마음에 걸렸다. 1979년 막 귀국했을 때 태백 예수원에서 만난 대천덕 신부가 했던 "순수한 기독교 정신의 새로운 대학이 한국에 세워지기를 기도하고 있습니다"라는 말도 생생하게 떠올랐다.

김영길로서는 그냥 사양하고 잊어버릴 수만은 없는 일이었다. 그는 아내와 함께 기도를 시작했다. 기도하며 찬찬히 생각했다. 국내에는 이미 160여 개 대학이 있지만, 21세기는 무한경쟁의 시대이고 막 선보이기 시작한 인터넷이 상용화되면 세계는 지식산업시대로 넘어갈 것이었다. 그는 이런 시기에 기독교 대학 한동대를 설립하는 데는 분명 문명사적 의미가 있다는 결론에 이르렀다. 그래서 결국 한동대 총장직을 수락했다.

김영길은 자신의 구상대로 한동대를 글로벌 대학으로 만들기 위해 파격적 제도를 도입하기 시작했다. 무감독 양심시험 제도, 무전공 무학과 입학 및 복수학위 제도, 전교생 생활관 입소 및 팀 담임교수 제도와 전교생 전산 교육, 한자 교육 및 영어 강의 등이었다. 이 일에는 대부분 '국내 최초'라는 수식어가 붙었다. 2001년에는 미국식 로스쿨HILS 제도를 도입해 미국 변호사 300명을 배출하기도 했다.

무수한 고난에도 무릎 꿇지 않다

하지만 이렇게 멋진 일이 그냥 될 리 만무했다. 무수한 난관이, 믿음과 기도가 아니면 헤쳐나갈 수 없는 고난이 그와 한동대 앞에 놓여 있었다.

고난은 개교 과정에서부터 밀려왔다. 먼저 이사장을 맡기로 했던 사람이 사업이 어려워지면서 포기하고 말았다. 학교를 개교할 것이냐 말 것이냐의 갈림길에서 하나님은 그를 개교 쪽으로 몰아가셨다. 재정 책임은 오롯이 그의 몫인 상황이었다. 김영길은 그 과정에서 횡령·배임으로 구속되기까지 했지만, 결코 한동대학을 포기할 수는 없었다.

나중에 그 당시를 회상하며 그는 오히려 "무수한 고난이 있었기에 지금의 한동대가 있다"고까지 말했다. 한동대를 광야대학, 고난대학, 기도대학이라고 부르는 이유이기도 하다.

그 고난을 헤쳐오면서 따라붙은 비난 또는 비판은 오롯이 개척자가 감당해야 할 몫이었는지도 모른다. 김영길은 80 세계복음화대성회에서 '창조냐 진화냐' 관련 세미나를 진행할 때 강사가 나서지 않자 자발적으로 강사가 되었다. 이것이 우리나라 최초의 창조과학 세미나였다. 이듬해 한국에서 창조과학회가 구성된 것도 이때의 세미나가 성황리에 열렸기에 가능한 일이었다. 거기에 다른 누구도 아닌 과학적 실력과 신앙을 겸비한 김영길이 있었기에 가능했다. 하지만 창조과학회는 '사이비 과학'이라는 비난도 감수해야 했다.

개교부터 재정난에 봉착했던 가난한 대학 한동대는 김영길이 총장으로 있던 기간 내내 한 번도 넉넉했던 적이 없다. 부도를 막기 위해 이리 뛰고 저리 뛰었던 그는 53일간 옥고를 치르는 수난도 감당해야 했다. '독단적 리더십'이라는 비난도 떠안아야 했다.

김영길은 이런 비난과 비판에 굳이 맞서거나 대놓고 반박하려들지 않았다. 평생 과학자로 살아온 까닭에 소통능력이 부족한 것은 어쩌면 자연스러운 일이었는데, 학생들과 학부모, 교수들은 그의 진심을 헤아려줬다. 옥중에서 맞은 스승의 날에 학생 1천500명이 관광버스를 타고 찾아와 '스승의 노래'를 불러준 일, 정년퇴임 때 복도 끝까지 카네이션을 수놓아준 일은 그가 한동인의 마음에 어떻게 기억되고 있는지를 잘 보여준다.

김영길 장로는 2014년, 75세의 나이에 한동대 총장직에서 퇴임했다. 그 뒤로도 한동을 글로벌 대학의 반열에 올려놓기 위해 끊임없이 노력했지만, 5년 뒤인 2019년 6월 숙환으로 세상을 떠났다.

그는 생전에 〈국민일보〉 '역경의 열매'에 연재한 글에서 자신의 인생을 이렇게 소개했다.

"한동대 20여 년은 고난과 역경, 기쁨, 소망이 점철된 기간이었다. 한 번도 안식년이나 휴가가 없었다. 숨 가쁘게 달려오기만 했다. 그러나 참으로 보람된 세월이었다. 그래서 나는 오늘도 하나님께 감사 찬송을 드린다."

이는 사도 바울이 제자 디모데에게 유언처럼 했던 다음 구절을 떠올리게 하는 고백이다.

"나는 선한 싸움을 싸우고 나의 달려갈 길을 마치고 믿음을 지켰으니 이제 후로는 나를 위하여 의의 면류관이 예비되었으므로…"(디모데후서 4:7~8)

김영길 장로는 부르심을 좇아 고난의 길에 들어섰고, 결코 물러서지 않았다. 그리고 평생 그 길을 갔다.

06

민족의 위기 앞에
안위를 떨치고 일어나다

– 느헤미야 장로

누군가에게 비보를 들었을 때 어떻게
반응하는가? 냉혈인처럼 밋밋하게 반응하는 이는 아마도 드물 것이다. 슬
픈 표정으로 "그래? 너무 안됐네" 한다면 아마 중간 정도는 될 것이다. 실
제로 대부분이 이렇지 않을까 싶다. 비보의 당사자나 현장으로 당장 달려
가는 사람이 있다면 아마 가족이거나 밀접한 관계의 사람일 것이다. 그렇
지 않고 나와 별 상관 없는 사람의 일인데 당장 달려간다는 것은 매우 드문
경우다. 느헤미야는 적어도 장로라면 이 '아주 드문 경우'에 들거나 들 수
있도록 노력해야 한다는 것을 보여준다.

우리가 익히 아는 대로 북이스라엘은 BC 721년 앗시리아에 의해, 남유
다는 BC 586년 바벨론에 의해 각각 멸망을 당한다. 북이스라엘은 앗시리
아의 동화정책으로 다문화 국가가 되고 사마리아라는 이름으로 명맥을 이
어간다. 남유다는 바벨론의 포로가 된 지 48년 만인 BC 538년 바벨론을 멸
망시킨 메데-페르시아의 고레스 왕에게 예루살렘 귀환과 성전 재건을 허

락받는다. 그리고 총독으로는 다윗 왕 계열의 세스바살이 임명된다. 하지만 사마리아인들의 방해와 페르시아 내부의 권력 재편으로 인해 성전 재건은 BC 516년에야 스룹바벨 총독에 의해 완성된다.

성전이 완공되었다고 해서 백성의 영성이 자연스레 회복되는 것은 아니다. 하나님의 율법은 무시되고 있었고 백성의 안위는 위태로웠다. 일차적으로 제사장 에스라의 귀환을 통해 예배를 회복하는 일이 급선무였다. 그 다음으로 안보를 튼튼히 하고 사회 기강을 확립해야 했다. 이 일을 맡은 이가 바로 느헤미야였다.

이 두 가지 이야기가 히브리 성경에는 한 권으로 되어 있는 에스라와 느헤미야에 담겨 있는 내용이다.

민족의 비보 앞에서

느헤미야는 아마 어린 시절에 예루살렘이 바벨론에 멸망당할 때 포로로 끌려왔던 것 같다. 그는 메데-페르시아 아닥사스다 왕의 술잔을 따르는 고위직을 맡고 있었다. 어느 날 동생 하나니가 유대 사람들을 데려오자 그는 자연스레 1차 귀환한 유대인들이 잘 지내고 있는지, 예루살렘의 형편은 나아졌는지 물었다. 당연히 '잘 지내고 있겠거니' 하는 기대가 담긴 질문이었다. 하지만 돌아온 답은 희소식이 아니라 비보였다. 유대인들은 수모를 받으며 고생하고 있고, 예루살렘 성벽은 무너져 있으며, 성문들은 불에 탄 채

방치돼 있다는 것이었다.

이 소식을 들은 느헤미야의 반응은 충분히 다음과 같을 수 있다.

"그래, 정말 고생이 많구나. 나는 여기 매인 몸이어서 갈 수는 없지만 간절히 기도할게. 힘을 내게."

또 이런 답변도 가능하다.

"인생은 원래 그런 것이니 조금만 참게. 힘든 시간은 곧 지나가고 좋은 시절이 올걸세."

하지만 느헤미야는 그렇게 하지 않았다.

> "이 말을 듣고서, 나는 주저앉아 울었다. 나는 슬픔에 잠긴 채로 며칠 동안 금식하면서, 하늘의 하나님께 기도하여 아뢰었다." (느헤미야 1 : 4 | 새번역)

그는 마치 자기 일처럼 슬퍼하고 금식하며 하나님께 부르짖고 있다. 왜 그랬을까? 그것은 1장 2절에서 짐작해볼 수 있다. 느헤미야가 먼저 유대인들과 예루살렘의 형편을 물어보았다는 대목이다. 이는 평소 느헤미야가 예루살렘에 얼마나 관심과 기도를 집중하고 있었는지 단적으로 보여준다. 또 1장 6절 "이제 이 종이 밤낮 주님 앞에서 주님의 종 이스라엘 자손을 위하여 드리는 이 기도에 귀를 기울이시고, 살펴주십시오"라는 그의 기도에서도 엿볼 수 있다.

그는 식민지 국가의 고위직으로 충분히 성공한 사람이었지만, 자신의 조국과 백성의 형편에 신경을 곤두세우고 있었다. 조국이, 백성이 제대로 서 있지 않고는 자신도 제대로 설 수가 없었다. 아무리 개인적인 성공과 명성을 누린다 해도 조국이 불행하다면 그 성공과 명성은 아무 의미가 없었던 것이다.

예루살렘의 비보는 곧 회개 기도로 이어진다.

"우리 이스라엘 자손이 주님을 거역하는 죄를 지은 것을 자복합니다. 저와 저의 집안까지도 죄를 지었습니다. 우리가 주님께 매우 큰 잘못을 저질렀습니다. 주님의 종 모세를 시키시어, 우리에게 내리신 계명과 율례와 규례를 우리가 지키지 않았습니다." (느헤미야 1:6~7 | 새번역)

자, 여기까지는 흔히 '기도 좀 하는' 장로님이라면 충분히 할 수 있는 일이다. 슬퍼하며, 금식하고, 기도하는 것 정도는 조금만 결심하고 참으면 되니까 말이다.

기도하고 행동하다

그러나 느헤미야는 거기에서 한 발 더 나아갔다. 아니, 기도와 함께 그의 마음속에는 이미 결심이 서 있었다. 본인이 직접 예루살렘으로 가서 무너진 성벽을 재건하리라는 결심이었다. 하지만 그의 상관은 그 누구도 아닌 왕이었다. 자칫 잘못했다가는 그 자리에서 잘릴 수도 있고, 나아가 괜한 오해로 예루살렘 유대인들이 더 큰 곤욕을 치를 수도 있는 일이었다.

그는 왕에게 말하기에 앞서 기도하며 하나님의 선하신 인도하심을 구했다. 그리고 자신의 속마음과 각오, 예루살렘의 형편을 진실하고 소상하게 왕에게 고했다. 마침내 왕의 허락이 떨어졌다. 그리고 느헤미야가 이미 구상한 대로 예루살렘에 가져갈 건축 자재, 통과증 등 필요한 것들을 구체적으로 왕에게 요청했다.

이 역시 왕에게는 귀찮은 일일 수도 있지만, 느헤미야에게는 예루살렘 성벽 재건이라는 중차대한 일을 위해 반드시 필요한 일이었다. 느헤미야의 기록대로 '하나님의 선하신 손길이 보살펴주셔서' 왕은 느헤미야의 세세한 요청까지 친절히 들어주었다.

느헤미야는 필요한 것들을 준비해서 곧장 예루살렘으로 향한다. 여기서 느헤미야가 보여주는 훌륭한 리더의 자질이 있다. 그는 그저 슬픈 마음과 간절한 기도, 뜨거운 가슴으로 예루살렘 성벽 재건에 나선 게 아니라 예루살렘의 현황을 세세하게 파악했다. 누군가의 보고를 받는 것이 아니라 자신이 직접 현장에 나가 예루살렘의 현실을 보았고, 사람들을 설득하고 조직했다.

설득도 뜨거운 가슴만으로는 부족하다. 정확한 현실 인식이 반드시 필요하다. 우리가 익히 아는 대로 무너진 예루살렘의 성벽은 불과 52일 만에 재건되었다. 그것은 느헤미야의 철저한 조직력으로 가능했다. 조직의 원칙은 이것이었다. 모든 예루살렘 사람이 참여할 것, 자원할 것, 자신이 할 수 있는 가장 가까운 곳을 감당할 것. 그리고 이 조직력은 적중했다.

그런데 성벽 재건 과정에서 뜻하지 않게 무수한 문제가 발생했다. 이방, 동족의 조롱, 침략 위협도 있었고 내부 갈등도 드러났다. 이때 느헤미야가 보여준 리더십은 성벽 재건이라는 목표를 잃지 않는 것이었다. 외부 위협은 무시하거나 단호히 대처했다. 내부 갈등은 원칙에 입각해 신상필벌 원칙을 적용했다.

마침내 성벽 재건은 이루어졌고, 예루살렘은 비로소 질서를 찾았다. 느헤미야는 한 사람의 리더가 어떻게 공동체를 훌륭히 재건하고 지켜낼 수 있는지를 분명하게 보여주는 롤 모델이다.

07

복음의 정직성으로
영국을 바꾸다

– 윌버포스 장로

"그러므로 하늘에 계신 너희 아버지의 온전하심과 같이 너희도 온전
하라" (마태복음 5 : 48)

예수님이 산상수훈 중간에 하신 말씀이다. 간결하면서도 심오한 팔복
말씀이 있고 나서 오른뺨을 맞으면 왼뺨까지 돌려대고, 원수를 미워하지 말
고 사랑하고 위해서 기도해주라는 말씀 다음에 나오는 내용이다.

이 말씀을 들은 무리의 반응은 어땠을까? 예수님의 가르침, 복음의 위
대함에 환호성을 지르는 이들도 많았겠지만 어렵다고 포기하는 이들도
적지 않았을 것 같다. 도저히 나로서는 알 수 없는 것이 복음의 위력이기
때문이다.

복음은 이처럼 완전한 것이고, 완전하게 하는 것이다. 역사적으로 복음
이 들어간 사회는 개혁되고 새롭게 바뀌었다. 노예무역이 지금의 군수산
업처럼 나라를 떠받치고 있던 18세기, 복음의 힘으로 노예무역 폐지에 앞

장선 윌리엄 윌버포스William Wilberforce의 복음이 그러했다.

윌버포스는 체질적으로 허약하고 키도 작았지만 '영국 최고의 웅변가'라는 별명에 걸맞게 150여 차례에 걸친 의회 논쟁을 통해 노예무역 폐지 법안을 이끌었다. 그는 이렇게 호소했다.

"영국이 진정으로 위대한 나라가 되고자 한다면 하나님의 법을 지켜야
한다. 노예제도는 분명 하나님의 분노를 자극하는 일이다. 기독교 국가
를 자처하는 영국이 황금에 눈이 멀어 노예제도를 갖고 있다니, 이런 악
행을 저지르고도 오래 살아남은 제국은 역사상 찾아보기 힘들다."

복음과의 만남이 노예제에 눈뜨게 하다

정치는 단순히 달변가라고 해서 잘할 수 있는 영역이 아니다. 굳건한 신념과 뛰어난 지성은 기본이고, 거기에 돈과 인간적인 매력까지 있어야만 여론을 모으고 법을 통과시킬 수 있는 게 정치다. 그렇다면 윌리엄 윌버포스는 어땠을까?

윌버포스는 이른바 '금수저'로 태어났고, 그 힘으로 21세에 국회의원이 될 수 있었다. 돈도 있고, 말도 잘하고, 게다가 총리 친구까지 둔 윌버포스가 처음부터 노예무역 폐지에 앞장섰던 것은 아니다. 복음과의 만남이 그를 새로운 사람으로 만들었다.

25세에 가족과 함께 떠난 유럽 여행에서 그는 독서를 통해 지적으로 복음을 인식하기 시작했고, 이후 헬라어 성경을 읽고 친구와 토론하며 내적 확신으로 나아갔다. 고민과 방황을 거쳐 복음 앞에 자신의 마음과 삶을 송두리째 내놓고 새로워진 윌버포스의 눈에 그전에는 보지 못했던 영국의 문제가 보이기 시작했다.

28세이던 1787년 10월 28일에 쓴 그의 일기에는 이런 대목이 있다.

> "전능하신 하나님께서 내 앞에 두 가지 위대한 목표를 두셨다. 그것은 노예무역을 금지하고 도덕적 개혁을 이루는 것이다."

이 두 가지 목표를 완수하기 위해 윌버포스는 자신의 생애를 헌신했다. 1789년 5월, 그가 첫 노예무역 폐지 법안을 제출했을 때 그 법안에 주목하는 사람은 거의 없었다. 그게 현실이었다. 하지만 윌버포스는 포기하지 않았다. 동료들과 함께 끊임없이 증거를 수집하고 사람들을 규합했으며, 국민을 설득해나갔다. 1807년 노예무역 폐지 법안이 압도적인 찬성으로 영국 하원을 통과할 때까지 18년 동안 11번이나 노예무역 폐지 법안의 발의와 폐기가 반복되었다.

노예제를 완전히 폐지하는 법안이 통과된 것은 노예무역 폐지 법안 통과 26년 만인 1833년 7월 26일이었다. 그로부터 사흘 뒤 윌버포스는 눈을 감았다. 그렇게 그는 평생 목표 하나를 이뤄낸 것이다.

바른 장로

그렇다면 그의 두 번째 평생 목표인 영국의 관습 개혁은 어떻게 되었을까? 윌버포스는 노예무역 폐지와 함께 부도덕한 영국 사회를 개혁하는 일도 병행했다. 그는 사재를 털어 미성년자 보호를 위한 노동법 제정, 장애인 교육을 위한 학교 설립을 주도했다. 가난한 사람들이 무상진료를 받을 수 있도록 정부 예산으로 병원을 설립하기도 했다.

그는 영국 사회가 복음에 굳건하게 설 때 세계의 존경을 받는 나라가 되리라 확신했다. 영국 사회가 복음에 서는 방법은 영국인 개인이 복음에 올바로 서는 것이고, 그 영향이 그가 속한 가정과 공동체, 나아가 영국 사회 전체로 뻗어간다고 믿었다.

윌버포스는 자신의 저서와 강연을 통해 이러한 신념을 다음과 같이 피력했다.

"만약 내가 우리 민족의 어려움이 직간접으로 종교와 도덕이 쇠퇴한 데서 주로 기인한 것임에 틀림없다는 굳은 신념을 담대히 공언하지 않는다면 다른 사람을 정죄했던 잘못된 부끄러움이 내 안에도 존재한다는 본보기가 될 것이다. 그리고 영국의 복지에 대한 나의 굳건한 소망은 함대나 군대에 의존하지도, 통치자의 지혜나 사람들의 정신에 의존하지도 않는다. 그것은 영국에서는 아직도 그리스도의 복음을 사랑하고 복종하는 수많은 사람이 존재한다는 신념에 의존한다. 이들의 중보기도가 결국 승리할 것이고, 하나님께서는 이들을 위해 여전히 은총의 눈으로 우리를 지키실 것이다.”

그는 복음이 영국을 대내적으로는 복지의 나라, 대외적으로는 존경받는 나라로 만들 것이라 굳게 믿었다. 그가 펼친 노예무역 폐지 운동, 관습 개혁 운동은 전 세계의 칭송을 받으며 영국의 이미지를 노예무역에 앞장서는 ‘잔인한 나라’에서 ‘신사의 나라’로 바꾸어놓았다.

복음으로 정치를 바꾸다

윌버포스는 평소 기도, 성경 읽기, 독서 같은 경건 생활에서 정책의 영감을 얻고 신념을 새롭게 다졌다. 그는 기독교인의 경건 생활이 정치를 얼마나 정치답게 하는지를 보여준 사람이다. 신앙이 깊어지면서 한때 정치를 떠나 목회자가 될 것을 심각하게 고려했지만, 자신이 부여받은 평생 목표를 이루기 위해 끝까지 정치 쪽에 남았다. 윌버포스는 정치가 정직한 사람에게 얼마나 어울리는 직업인지를 직접 보여준 사람이기도 하다.

정치에서 이상은 금물이라고 하지만, 윌버포스는 오히려 기독교의 높은 이상을 목표로 삼기를 주저하지 않았다. 정치에 참여하는 기독교인 개개인이 정직할 뿐만 아니라 그들이 만들어내는 법과 정책, 헌법도 영국을 세계의 모범이 되게 하겠다는 이상을 가져야 한다고 믿었다.

그는 이러한 이상적 목표를 이루기 위해 늘 초당적으로 움직였다. 원대하고 이상적일수록 힘을 합해야 한다는 생각 때문이었다. 교도소 개혁에서 노예제도 폐지에 이르기까지 그는 다양한 당적, 다양한 신분의 사람들과 어울리면서 지혜를 얻고 힘을 규합했다. 그에게는 선명한 기독교 신앙을 갖되 편협하지 않으며, 현실을 뛰어넘는 이상을 갖되 여러 사람을 모아내는 힘이 있었다.

윌버포스는 총리였던 친구의 뒤를 이어 총리가 될 만한 역량과 인기가 충분했지만, 그보다 더 숭고한 목표인 노예무역 폐지가 그를 사로잡았다. 노예무역 폐지는 그 당시 대부분의 사람들이 생각한 대로 영국의 국가 이익에 반하는 일이었고, 이웃 프랑스에서 번지고 있던 혁명처럼 위험한 일이었다. 그런데도 그는 다시 도전하고, 기다리고, 설득하는 일을 반복하며 자신의 인생과 건강까지 거기에 쏟아부었다.

누군가의 표현대로 윌버포스는 영국에서 가장 미움받는 사람인 동시에 가장 사랑받는 사람이 되었다.

나에게는 과연 '미움받을 용기'가 있는가? 온갖 오해와 미움, 반대를 받으면서까지 오랫동안 신념을 굽히지 않고 목표를 성취해나갈 믿음이 있는가?

윌버포스가 장로인 우리에게 오늘 묻고 있다.

08

많이 받고
많이 주고 간 사람

– 김인수 장로

사람은 누웠을 때 비로소 가치가 드
러난다는 말이 있다. 이 땅에서의 삶을 마쳤을 때 사람들이 그를 어떻게 평
가하느냐가 그가 살아온 삶이라는 것이다. 그런 점에서 김인수 장로는 한
명의 훌륭한 기독교인이었다고 할 수 있다. 지금도 수많은 사람이 그를 그
리워하며 그의 삶을 본받고 싶어 하기 때문이다.

고려대 경영학과 교수, 기독교윤리실천운동(기윤실) 이사장을 지낸 김인
수 장로는 사회에서나 교계에서나 존경을 받았다. 그가 그리움과 존경의
대상이 된 것은 '타이틀' 때문이 아니라 그의 삶 때문이었다.

김인수는 가난한 가정에서 태어나 고등학교 졸업 후 곧바로 말단 공무
원이 되었다. 대학보다는 밥벌이가 우선이었기 때문이다. 직장 친구의 소
개로 영어를 공부하기 위해 나간 죠이선교회 영어성경공부 모임을 계기로
믿음의 도전을 받고, 군대 시절에는 「신약성경」을 30번이나 읽어가며 믿음
에 눈을 떴다.

초등학교 시절 친구를 따라 몇 년간 교회를 다닌 적이 있지만 그때는 전혀 와닿지 않았다. 오히려 미신 같은 성경 내용, 위선적인 듯한 교인들을 보며 반감만 잔뜩 품었을 뿐이다. 하지만 성경을 읽고 신앙에 눈을 뜨니 전혀 다르게 보였다. 그 뒤 그는 기독교와 교회에 비판적인 사람들을 만날 때면 "성경을 읽어보라"고 권하곤 했다.

성경대로

성경 읽기에 푹 빠졌던 그는 평생 성경 교사로, 평신도 설교자로 살았다. 김인수는 교사이자 설교자로서 말만 하는 것이 아니라 성경대로 살려 했던 사람이기도 하다. 군대 3년 동안에는 가난해서 학교에 가지 못한 청소년들을 모아 야학을 하기도 했다.

하지만 못 가진 것, 못 배운 것의 한계는 제대 뒤에도 이어졌다. 더 좋은 직장으로 옮기고 싶었지만 대학 졸업장이 없는 그에게는 원서를 낼 기회조차 주어지지 않았다. 그러다 외국 대사관은 학력을 따지지 않는다는 말에 대사관 행정 책임자를 뽑는 데 응시했고, 수많은 대학 졸업자들과 경쟁해 당당히 합격했다.

하지만 그는 부하 직원에 대한 부당한 처사 문제로 부대사에게 대들었다가 사표를 쓰고 말았다. 그가 실직하고 3개월 만에 들어간 곳은 극동방송이었다. 김인수는 그곳에서 팔자에도 없는 견습 프로듀서를 하다가 행정과 회계 문제 해결에 긴급 투입되었다. 평소 행정이나 조직관리라면 자신 있었던 그는 이 문제를 탁월하게 수습한 뒤, 마침내 입사 3년 만인 30대 초반에 부국장의 자리에 올랐다.

그것이 끝이 아니었다. 김인수는 극동방송국에 다니면서 국제대학교 경영학과 야간을 다녔는데, 이 학교를 졸업하던 1971년 미국 정부가 뽑는 동서문화센터 장학생으로 발탁돼 하와이대학교 경영대학원에 유학하게 된 것이다. 이때가 그에게는 초등학교 졸업 후 처음으로 일하지 않고 공부만 할 수 있는 기회였다.

하지만 그 기회의 과정은 만만치 않았다. 경제학, 통계학 배경도 없이 경영대학원에 들어갔으니 수업을 제대로 따라갔을 리 만무하다. 그는 하루도 거르지 않고 아침 8시부터 밤 12시까지 오직 공부에 매달렸다. 그에게는 선배 한국 학생들을 붙들고 물어보는 것이 일이었다. 첫 학기의 결과는 모든 과목 최우수 성적이었다.

그런데 공부를 너무 열심히 한 나머지 성경 읽고 기도하기를 게을리 했다는 생각이 들었다. 그러자 그는 성경을 읽으며 학과 공부를 하게 되었고, 성경 읽기 시간이 많아졌는데도 2학기 성적은 1학기보다 떨어지지 않았다.

성경은 김인수에게 평생 가장 가까운 동반자였다. 그는 하와이 대학원생들과 성경공부반을 시작했고, 이것이 나중에는 교회 청년부로 발전했다. 그가 인도한 중고등부 성경공부반에서는 다섯 명의 목사가 배출되었다. 교회 목사가 그를 향해 "저 사람은 다른 사람을 목사로 키우면서 자기는 목사가 되지 않은 사람"이라고 말했을 정도였다.

이후 그는 경영학 명문인 인디애나대학교로 박사 공부를 할 길이 열려 떠나게 되었다. 졸업 뒤 MIT에 직장을 얻어 보스턴으로 갈 때는 이미 박사학위 입학생 심사가 다 끝난 상황에서 아내 김수지 교수의 원서를 받아 준 데다 전액 장학금으로 공부할 수 있는 길까지 열렸다. 그 결과 김수지 교수는 한국인 최초의 간호학 박사가 될 수 있었다. 김인수는 아무리 생각해도 이해가 안 가는 이 과정을 철저히 하나님이 개입하신 사건으로 고백했다.

받은 은혜는 사회와 교회를 향한 헌신으로

은혜의 결과는 헌신으로 나타났다. 지독히 가난한 가정에 태어난 김인수, 김수지 부부는 도저히 유학할 수 있는 형편이 아닌 가운데서도 박사학위까지 받을 수 있게 하나님이 기회를 주신 것은 "이 교육을 우리 욕심이 아닌 다른 사람들을 섬기는 일에 사용하라"는 뜻으로 일찌감치 받아들이고 있었다.

1978년 귀국 후 두 사람은 한국 사회와 교회의 현실을 파악했다. 그리고 조직행동론, 정신건강학 등 각자의 전공을 한국 현실에 맞춰 가정사역 프로그램을 개발, 보급하기 시작해 센세이션을 일으켰다. 유학 시절 힘들게 배운 전공을 한국 사회와 교회를 위해 내놓은 선한 동기가 엄청난 성과를 가져온 것이다.

그는 생전에 "하나님의 뜻에 순종할 때 아름답고 행복하고 내 마음이 가장 맑아진다. 하나님을 향한 사랑의 90%는 순종하는 것이고, 사람을 향한 사랑의 90%는 용서하는 것"이라고 했다. 하나님과 사람을 향한 그의 자세가 어땠는지를 단적으로 보여주는 말이다.

김인수 장로는 2003년 2월 6일 불의의 사고로 소천했다. 향년 65세였다. 가족은 물론 주위 사람들도 큰 충격에 휩싸였는데, 김수지 교수는 남편의 인생을 이렇게 담담하게 요약했다.

성실, 정직, 부지런, 겸손, 절제, 청결, 근검절약, 나눔과 베풂, 하나님을 경외하는 삶.

이 땅에서 생명이 다하는 날까지 최선을 다한 인생이었으니 후회나 여한이 있을 수 없다는 것이었다. 어느 일간지 부고 기사에는 김인수 장로의 일화가 이렇게 기록되어 있었다.

"그의 집을 찾는 이들은 가구가 대부분 남이 쓰던 중고품이라는 걸 알고 놀란다. 그렇게 검소한 생활이지만 남을 돕는 데는 아끼지 않았다. 김 교수 부부는 30여 년간 수입의 절반을 어려운 이웃을 돕는 데 사용한 것으로 알려졌다."

언제부턴가 한국 기독교는 기득권의 종교가 되고, 장로와 권사들은 기득권층으로 인식되고 있다. 그렇지 않은 부분도 많지만 마냥 부인할 수만도 없는 한국교회의 자화상이다. 그래서 김인수 장로의 따뜻했던 삶, 선한 얼굴이 더욱 그리워진다.

그의 시신은 고인의 뜻에 따라 고려대 의대에 기증되었다.

09

농촌과 농민을
사랑한 사람

– 신복성 장로

"그러므로 형제들아 내가 하나님의 모든 자비하심으로 너희를 권하노

니 너희 몸을 하나님이 기뻐하시는 거룩한 산 제물로 드리라 이는 너희

가 드릴 영적 예배니라"(로마서 12 : 1)

신복성 장로의 묘비에 새겨진 성경 구절이다. 신복성이라는 이름을 아
는 사람은 많지 않다. 그는 성결교회 장로로 일제시대, 해방 후 농촌계몽운
동, 난민정착 활동으로 경기도 여주 일대를 모범적인 농촌 마을로 변모시
킨 주역이다. 비슷한 시기에 농촌 이상촌 건설에 나섰던 김용기 장로와는
실제로 친한 사이였다. 사람들은 신복성 장로를 농촌과 농민을 사랑한 사
람으로 한결같이 기억하고 있다.

신복성이 예수를 믿은 것은 1936년 24세 때였다. 당시 함경남도 원산에
사는 신치정이라는 사람이 여주 강천면 후포리에 와서 교회를 세웠다. 신치
정은 후포리 출신으로 불우한 10대 시절 가출해 원산에서 물장사를 해 크게

성공한 데다 예수를 믿게 되어 고향에 와서 교회를 세울 결심을 했다. 그는 사람들에게 생필품을 나눠주기도 하고, 예수를 믿는 청년들에게는 땅과 사업 자금도 대주며 교회로 인도했다. 신복성도 그때 전도를 받았다.

그 뒤 신복성은 서울의 교회 부흥회에 참석했다가 크게 깨우쳤다. 동족이 다 굶어 죽어가는데 자신만 잘살아보겠다고 애써온 것이 너무 부끄러워서 고향의 후포교회를 위해, 후포 주민들을 위해 헌신하기로 서원한 것이다.

'고구마 할아버지'

신복성이 가장 먼저 시작한 것은 고구마 보급이었다. 일제 치하의 농촌 현실은 말이 아니었다. 하루 두 끼를 먹기도 힘든 것은 물론 풀뿌리, 풀죽으로 연명하던 시절이었다. 그는 이 심각한 식량 문제를 해결하기 위해 수원 농촌진흥원에 가서 고구마 재배법을 배워 왔다. 그렇게 해서 대신면을 시작으로 여주는 물론 양평, 이천 일대에까지 고구마 농사법이 보급되었다. 당시 고구마의 인기는 대단했다. 1천 평의 땅에 고구마를 심으면 그 수확으로 땅 1천 평을 살 수 있을 만큼 고구마 농사는 잘나갔다.

그때부터 '고구마 할아버지'로 불린 신복성은 여러 가지 아이디어도 짜냈다. 고구마 온상의 흙집 벽을 볏짚으로 엮은 것도 그의 머리에서 처음 나왔다. 이를 통해 흙벽이 무너지는 것을 방지하고 보온성을 높일 수 있었다.

고구마의 대대적 보급은 식량 문제의 해결은 물론 가난 퇴치에도 큰 성공을 가져왔다. 신복성은 이때부터 고구마를 넘어 오이, 양돈, 양계, 양봉까지 개척해나갔다. 농민들을 찾아다니면서 "벼농사만 하면 굶어 죽는다"며 깨우치고 다양한 작물을 재배하는 기술을 가르쳤다.

이때 설립한 것이 농민 계몽과 영농기술 지도를 위한 사단법인 '계림원'이다. 신복성은 매년 봄가을에 예비 농촌 지도자들을 초청해 열흘 정도 교육을 시켰다. 강사진은 서울대 농대 교수, 선진 농업가 등이었고, 보통 한번에 100명씩 모일 만큼 농민들의 관심을 끌었다. 교육 기간에는 돼지를 잡고 동네잔치를 벌였다. 신복성에겐 농촌을 일으킬 지도자를 길러내는 일만큼 큰 기쁨이 없었던 것이다.

해방 후엔 나라의 미래를 짊어질 농민 자녀들을 교육하는 것이 급선무였다. 해방되고 이듬해 봄, 그는 사비를 털어 대신중학원을 설립했다. 신복성의 농장 창고가 교실, 그의 방이 교사들의 거처였다고 하니 자신의 집을 온전히 학교를 위해 내놓은 셈이다.

그는 농사를 해서 얻은 수입으로 교사들의 월급을 감당하며 발버둥을 쳤지만 학교 운영은 쉽지 않았다. 그때 만난 사람이 신의주 출신으로 만주 계림대에서 약용식물을 전공하고 만주 중등학교 교장을 지낸 임세홍 장로였다. 임세홍이 서울에서 했던 민족정신계몽 강연을 들은 신복성은 그를 학교 교장으로 초방했고, 이후 학교의 기틀이 조금씩 자리를 잡아가기 시작했다. 신복성의 투지와 임세홍의 학교 운영 능력, 거기에 두 사람의 신앙이 잘 화합하면서 학교는 발전에 발전을 거듭했다.

바른 장로

지역사회에서도 인정받는 '장로님'

신복성 장로는 누구보다 사랑의 사람이었다. 그는 38세에 장로 장립을 받은 뒤 한 번도 새벽기도를 거른 적이 없었다. 목회자가 없어 1년 정도 예배를 인도한 적도 있는데, 그의 기도와 설교에는 간절함과 감격, 눈물이 배어 있었다고 한다. 그는 길을 가면서도 기도했고, 양봉을 하다가도 꿀벌 앞에서 감격하며 기도한 장로였다.

신복성 장로는 지역에서 언제나 '장로님'으로 존경받았다. 교회를 중심으로 농촌과 학교를 운영하며 농민들의 친구이자 스승으로 인정 받았다. 임동선 동양선교교회 원로목사는 밤중에 신복성 장로가 간절히 기도하는 모습을 보고 그의 신앙을 흠모했다고 고백했다. 한 주민은 "장로님은 어려웠던 시절 대신면의 발전을 위해 헌신했고 풍양동을 설립한 분"이라며, "어려운 처지에서 사욕을 접고 희생하셨다. 이제 좀 살 만하니 공덕비라도 세워야 하는데, 지금 세대는 그분의 공로를 몰라서 안타까울 따름"이라고 말했다.

그 주민의 말대로 지금은 신복성 장로의 이름 석 자를 기억하는 이가 많지 않다. 지역은 물론 그가 설립한 학교에서도 그의 이름을 찾아볼 수 없다. 그가 일군 과수원은 남의 땅이 되었고, 그야말로 말처럼 달리며 소처럼 일하던 그의 터전은 모두 다른 사람들의 차지가 되었다. 그의 자손들마저 미국으로 이민을 떠나고 말았다.

하지만 그가 일찍이 선진 농업기술을 배워 보급했던 그 흔적은 고스란히 남아 있다. 후포리, 대신면은 인근의 다른 지역보다 농업기술이 훨씬 앞서 있다. 대신농협의 오이는 전국적으로 인기를 얻고 있고, 여주의 고구마는 여주 쌀만큼이나 유명세를 타고 있다. 또 대신면 낙화생(땅콩) 품질은 전국 최고를 자랑한다. 한때 이곳의 땅콩 생산량이 전국 생산량의 80%를 차지하기도 했다. 이렇게 풍성한 열매가 신복성 장로의 이름 석 자를 기억해 주고 있는 것이다.

모세는 이스라엘 백성의 출애굽에 40 평생을 헌신해야 했다. 그것도 본인의 의지가 아니라 하나님의 설득에 이끌려서 한 일이다. 하지만 정작 그는 약속의 땅 가나안을 눈앞에 두고 흔적도 없이 사라졌다. 그것이 모세의 수고와 업적을 흔적도 없이 지워버리는 일일까?

그렇지 않다. 비록 모세는 그토록 바라던 가나안 땅에 발을 들여놓지 못했지만 그의 헌신과 수고는 수백, 수천 년이 흘러도, 아니 영원히 기억될 것이다. 그것이 이스라엘 백성을 구원하기 위한 하나님의 사업이었기 때문이다.

신복성 장로의 삶도 그렇다고 생각한다. 자신을 위한 삶이 아니라 하나님과 이웃을 위한 삶을 살며 거기에 온전히 헌신할 때, 때로는 그 헌신의 결과가 예상 밖의 것이 되더라도 하나님은 그 헌신을 아시기 때문이다. 그 헌신을 옆에서 지켜본 몇몇 사람은 알 것이기 때문이다. 그렇다면 그것으로 충분하지 않은가. 마음 넓은 분으로 통했던 신복성 장로는 아마 천국에서 껄껄껄 웃으며 이 땅의 장로들을 위해 기도하고 있을 것이다.

10

고난과 순종으로
하나님의 길을 예비하다

– 요셉 장로

나무가 나이테만큼 우람해지듯 사람은 고난을 당한 만큼 멋지고 성숙해진다. 장로는 그저 나이 들었다고, 교회를 오래 다녔다고 되는 것이 아니라 하루하루, 한 해 한 해 고난의 흔적과 고난을 극복한 은혜의 경험이 차곡차곡 쌓일 때 주어지는 직분이라고 생각한다.

창세기 앞부분이 아브라함 이야기라면 뒷부분은 요셉 이야기라 할 수 있다. 그만큼 많은 분량을 할애해서 요셉 이야기를 자세히 소개하고 있다. 어떤 신학자는 요셉을 예수님에 비유하기도 한다. 그만큼 고난과 한恨의 시간, 영광의 시간이 대비되는 인물이기 때문일 것이다.

요셉은 17세에 뭇 곡식단의 절을 받고 해와 달, 뭇별의 절을 받는 꿈을 꾸었다. 하지만 형들의 미움을 사서 이집트에 노예로 팔리는 신세가 되고 만다. 어릴 적부터 요셉과 함께하셨던 하나님은 이집트에서도 노예가 된 요셉과 변함없이 함께하신다. 하지만 그렇다고 아무런 고난 없이 영광만 있었던 것은 아니다. 주인의 아내를 범하려 했다는 누명을 쓰고 감옥에 갇히고, 감옥에서도 꿈을 해몽해주었지만 그 은혜는 잊혀지고 만다. 감옥에 덩그러니 남은 요셉은 어찌 보면 지지리도 복이 없는 한과 누명, 절망의 인생이라고 한탄했을 수도 있다.

하지만 하나님의 은혜는 절망에서 그치는 법이 없다. 요셉은 바로 왕의 꿈을 해석하게 되고, 결국 이집트 총리로 등극하게 된다. 그때가 30세, 꿈을 꾼 지 13년 만에 마침내 꿈이 이뤄진 것이다.

요셉을 빚은 고난의 세월

요셉의 삶은 다윗의 삶과 비슷한 면이 있다. 다윗은 15세에 사무엘로부터 왕으로 기름 부음을 받았지만 사울에게 쫓겨 다니며 불한당, 망명객 신세로 지내다 30세가 돼서야 왕으로 즉위했다. 다윗의 위대함이 기나긴 고난의 세월에서 나왔듯이 요셉의 위대함도 기나긴 고난의 세월이 만든 것이라 할 수 있다.

그 고난은 눈물을 만든다. 요셉은 형들과의 재회 과정에서 몇 차례 눈물을 흘리고 통곡하는 모습을 보인다. 그 눈물은 치유와 회복의 새 살을 돋게 한다. 위대한 신앙인 요셉은 상처가 몹시 깊었지만 그랬기에 하나님의 은혜가 더 컸던 것이다.

성경은 요셉 이야기를 길게 소개하고 있다. 하지만 창세기에 아무리 요섭 이야기가 많이 나와도 주인공은 요셉이 아니다. 성경에 수많은 이름이 등장하지만, 그 누구도 주인공일 수 없다. 모두가 보조자, 주인공인 하나님을 드러내기 위한 조연일 뿐이다. 물론 조연의 역할이 무시되는 것은 아니다. 조연은 주인공을 빛내는 역할이지만 주인공 못지않게 감동을 줄 때도 있다.

여기서 요셉 이후에 펼쳐지는 상황을 살펴볼 필요가 있다. 요셉이 죽고 이집트에는 새로운 왕들이 명멸하면서 전설과도 같았던 풍년 7년, 흉년 7년 그리고 히브리인 요셉 총리의 활약은 오랜 옛날이야기로만 희미하게 남아 있을 뿐, 그 누구도 요셉을 기억하지 않았다.

이집트에서 번성하기 시작한 이스라엘 백성은 그때부터 '행복 끝 불행 시작'의 시대로 접어든다. 노예처럼 또는 노예로 살아가던 시간이 켜켜이 쌓여 어느덧 400년이 되어갔다. 타향살이도 10년, 20년이 넘어가면 타향이 아닌 고향으로 바뀌게 마련이다. 하물며 타국살이 400년이면 고국의 언어와 정체성도 모조리 잃어버리고, 심지어 민족의 DNA마저 모두 바뀌기에 충분한 시간이다.

아브라함과 야곱, 요셉에게 나타나셨던 하나님의 역사는 이제 이스라엘과는 상관 없는 이야기가 되고 말았다. 아무리 그들을 깨우려 해봤자 소용 없는 짓이 되고 마는 것이다. 바로의 공주 밑에서 자란 모세는 40세가 되어 이스라엘 형제들을 구원해보려 일어났다가 오히려 오해와 지탄만 받은 채 미디안 광야로 도망쳐야 했다. 이 사건은 이스라엘 백성을 회복하는 것은 불가능하다는 것을 단적으로 보여준다. 도저히 회복이 불가능한 이스라엘 백성 그리고 거절하는 모세를 끈질기게 설득한 끝에 마침내 출애굽이 성사된다. 이 사건도 하나님이 하신 것이고 모세는 거절하려는, 도망가려는 조연에 불과했다.

그렇다면 요셉은 어떤 조연을 맡았을까? 하나님이 아브라함에게 미리 예언하신 대로 이스라엘 백성은 이집트에서 400년간이나 종살이를 하게 되어 있었다. 그 이유는 이스라엘의 불순종, 하나님의 하나님 되심 때문이다. 하나님의 뜻은 이스라엘 백성을 젖과 꿀이 흐르는 가나안에 들이는 것 그리고 그들의 하나님이 되어 함께 오순도순 사는 것이었다.

'조연' 요셉의 위대함

그러려면 과정을 거쳐야 했다. 이집트에서 종살이를 하려면 이집트 땅이 필요했고, 이집트 땅을 얻으려면 이집트인의 호의를 얻어야 했다. 그 역할을 한 사람이 바로 요셉이었다. 히브리 사람은 얼굴만 봐도 재수가 없는데 감히 함께 살고, 더욱이 바로 왕 다음의 권력자로 모신다는 것은 불가능에 가까운 일이었다.

"이집트 사람들은 히브리 사람들과 같은 상에서 먹으면 부정을 탄다고 생각하기 때문에, 상을 같이 차리지 않은 것이다." (창세기 43 : 32 | 새번역)

바른 장로

이를 위해서는 요셉과 같이 끝까지 하나님을 신뢰하는 신실함, 상처를 상처로 갖지 않는 온유한 성품이 필요했다. 이런 맥락에서 조연인 요셉의 위대함이 돋보이는 것이다.

장로는 양 떼를 먹이고 이끄는 리더다. 장로는 공동체를 지키는 사역자다. 그러려면 개개인의 인품과 신앙을 볼 수 있는 세세함도 필요하지만, 그보다 더 중요한 것은 하나님이 당신의 나라를 넓혀가시는 섭리, 하나님이 세상을 통치하시는 그 광범위함을 볼 수 있어야 한다.

그러지 않으면 양 떼는 길을 잃고 공동체는 혼돈에 빠지고 만다. 내비게이션이 고장 나면 길을 헤매거나 차를 멈추어야 하듯 하나님의 뜻에 대한 이해 없이 양 떼를 돌보거나 교회 공동체를 지키는 것은 불가능하다. 지킨다 해도 엉뚱한 결과를 낳고 만다.

요셉은 마침내 자신을 종으로 팔아넘긴 형들에게 자신의 정체를 드러낸다. 제국의 총리였던 요셉은 형들에게 복수를 할 수 있었다. 형들도 그 점을 충분히 예상하고 있었다. 하지만 요셉의 대응은 엉뚱했다.

> "내가 형님들이 이집트로 팔아넘긴 그 아우입니다. 그러나 이제는 걱정
> 하지 마십시오. 자책하지도 마십시오. 형님들이 나를 이곳에 팔아넘기
> 긴 하였습니다만, 그것은 하나님이, 형님들보다 앞서서 나를 여기에 보
> 내셔서, 우리의 목숨을 살려 주시려고 그렇게 하신 것입니다."(창세기 45 :
>
> 4~5 | 새번역)

흔적은 다른 더 큰 흔적 앞에서 자취를 감춘다. 형들에게 받은 상처와 설움은 하나님의 더 높고 깊은 뜻을 알았을 때 더는 상처일 수 없었다. 요셉은 자신을 건져 이끌어주시고 이집트의 총리로 세워주신 하나님의 뜻을 정확히 이해하고 있었다.

> "그러므로 실제로 나를 이리로 보낸 것은 형님들이 아니라 하나님이십니다. 하나님이 나를 이리로 보내셔서, 바로의 아버지가 되게 하시고, 바로의 온 집안의 최고의 어른이 되게 하시고, 이집트 온 땅의 통치자로 세우신 것입니다."(창세기 45:8 | 새번역)

언뜻 보기엔 요셉의 인품이 훌륭한 것 같지만 사실 하나님의 뜻, 하나님의 은혜를 알면 인품은 저절로 따라오게 마련이다. 그것이 복음의 위대함이고 하나님 은혜의 힘이다. 복음은 한 사람의 인품을 변화시킨다. "사람은 결코 바뀌지 않는다"는 말이 있지만, 그렇지 않다. 결코 바뀌지 않는 사람도 복음이 제대로 들어가면 바뀌게 되어 있다.

장로는 이러한 복음의 능력을 아는 사람이고, 그것을 경험한 사람이어야 한다.

11

대를 이어
소명의 길을 걷다

– 김범일 장로

나는 43년 동안 김범일 장로님을 스승으로 모시고 살아왔다. 김 장로님은 가나안농군학교 설립자이신 김용기 장로님의 아드님으로 대를 이어 가나안을 지켜오셨다. 물론 여기엔 형님 김종일 목사님, 동생 김평일 장로님, 김활란 권사님, 김찬란 권사님도 함께하셨다. 나는 이분들의 직계가족은 아니지만 가나안의 한 가족으로 살아왔고, 특히 김범일 장로님에게 가장 많은 영향을 받았다.

평생 이 길을 가리라

한 손엔 성경, 한 손엔 괭이를!

이 가나안 정신을 김범일 장로님은 평생 가슴에 간직하고 사셨다. 하지만 젊은 시절엔 새벽부터 일어나 하루 종일 농사일을 하고 저녁에는 성경을 배우는 것이 지긋지긋해서 도망친 적도 있었다. "지식인일수록 농사를 지어야 한다"는 말을 할아버지 대부터 들어왔지만, 그것이 너무 고된 데다 평생 그렇게 일하며 살아야 한다 생각하니 앞날이 캄캄했던 것이다.

그때 아버지의 간곡한 편지가 그를 소명의 자리로 돌아오게 했다.

범일아.

기도하면서 이 편지를 세 번 읽어라.

고당 조만식 선생님이나 도산 안창호 선생님, 남강 이승훈 선생님의 자제들이 그 아버지의 뜻을 이어주었으면 하는 것이 국민의 염원이었다.

그러나 그렇게 되지 않았다.

그런데 우리 집도 마찬가지구나. 너희들이 나를 돕지 않으면 누가 나를 돕겠느냐?

장로님은 아버지의 편지를 세 번 읽고, 그 자리에 엎드려서 통곡했다. 그렇게 사흘 밤낮을 회개하고는 '평생 이 길을 가리라' 다짐했다.

김범일 장로님이 강의나 간증을 할 때면 어김없이 하는 말씀이 있다.

"정신이 바뀌면 마음이 바뀌고, 마음이 바뀌면 내 행동이 바뀌고, 내 습관이 바뀌고, 결국 내 인생이 바뀝니다."

정신을 새롭게 하면 마음과 행동이 바뀌고, 나아가 사람이 바뀐다는 말씀이다. 아버지 김용기 장로님의 가르침을 그대로 이어오고 계신 것이다. 그 정신을 새롭게 하는 것은 바로 꿈이다. 보이지 않는 것을 보는 것, 즉 비전이다. 이것은 하나님을 믿는 사람에게, 기도하는 사람에게 주어진다. 다시 말해 하나님을 믿고 하나님이 주신 꿈을 가질 때, 정신이 바뀌고 인생이 달라질 수 있다는 것이다. 김 장로님 스스로 이것을 경험하셨고, 이렇게 살아오셨기에 사람들에게도 거듭 말씀하시는 것이다.

장로님은 어느 날 기도 중에 '세계를 품고 복음을 전하라'는 하나님의 음성을 들었다. 그래서 이 일을 시작했고, 이를 추진하는 과정에서 숱한 난관을 만났지만, 장로님은 이에 굴하지 않으셨다. 기도하며 믿음으로 실천해 나가셨다. WCM 세계가나안운동본부는 그런 노력의 결과물이다.

장로님은 물질적 빈곤, 정신적 빈곤으로부터의 지구촌 해방을 소명으로 받아들여 제3세계 국가를 대상으로 가나안의 복민주의와 개척 정신을 가르치고 복음을 전하려고 몸부림치셨다.

지구촌에 외친 "한 손엔 성경, 한 손엔 괭이를!"

동남아의 빈곤 국가들은 대부분 이슬람권, 불교권이었고 사회주의권, 군사정권이었다. 오늘날 한국이 K-팝으로 세계적인 유명세를 타고 있지만, 1980~1990년대 동남아 국가에서도 한국의 위상은 대단했다. 불과 수십 년 전만 해도 자기 나라보다 가난했던 나라가 경제대국, 문화강국이 되었으니 그들에게 한국은 '기적의 나라'였다.

빈곤한 동남아 국가 사람들에게 한국의 경제성장 비결은 박정희 대통령이라는 지도자, 새마을운동이라는 정책으로 각인되었다. 특히 새마을운동에 대한 관심은 자연스레 가나안농군학교로 이어져 "우리나라에도 가나안농군학교를 세워서 잘살게 해달라"고 부탁하기에 이르렀다.

김범일 장로님은 팔레스타인 지도자 아라파트를 비롯해 지구촌의 빈곤국가 지도자를 만날 때면 단순하면서도 명료하게 이렇게 말씀하셨다.

"내게는 꿈이 있습니다. 그것은 당신의 나라를 잘살게 하는 것입니다. 가나안의 개척 정신으로 일하면 황무지가 옥토가 됩니다. 사람으로 말하면 쓸모없는 사람이 쓸모 있는 사람으로 바뀝니다."

그리고 빈곤 국가였던 한국이 오늘날 어떻게 바뀌었는지를 설명하셨다.

그렇게 외친 "한 손엔 성경, 한 손엔 괭이를!"이 오늘날 해외 곳곳에 가나안농군학교가 세워진 배경이다. 김용기 장로님이 복민주의의 개척 정신으로 오늘의 한국을 있게 했다면, 김범일 장로님은 복민주의 개척 정신으로 세계를 일깨웠다. 장로님은 세계가나안농군학교 초대 총재로 이 일을 시작하셨고, 이제 내가 그분의 뒤를 이어 '지키는 가나안에서 쓰임받는 가나안'을 외치며 세계가나안농군학교 50개 개척을 목표로 뛰고 있다.

그 대상에는 북한도 포함되어 있다. 장로님은 단순히 먹을 것, 입을 것을 주는 데 그치지 않고 정신과 삶을 바꾸는 일을 북한에서도 해낼 수 있다고 생각하셨고, 이를 추진하셨다. 물론 북한의 상황이나 남북관계를 보면 결코 쉬운 일은 아니다. 하지만 가나안농군학교의 시작에서부터 지금까지 쉬운 일은 단 하나도 없었다. 모두가 불가능하다며 고개를 저을 때도 가나안은 굳이 뛰어들었고, 묵묵히 실천해왔다.

불가능한 일을 가능하게 하는 데는 사람이 필요하다. 하나님은 사람을 통해 일하시기 때문이다. 김 장로님은 이 일을 위해 몇 년 전부터 미니 대학원 설립을 추진 중이시다. 신앙과 성실성, 거기에 전문성까지 겸비할 때 탁월한 일꾼이 될 수 있다. 그리고 탁월한 일꾼은 놀라운 일을 해낸다. 김 장로님이 3년 과정의 대학원 설립을 꿈꾸며 추진하시는 이유다.

물론 이 일에 대해서도 주변의 만류가 적지 않지만, 장로님은 언제나처럼 굽힐 줄 모르신다.

"사람의 박수, 존경, 찬사에 연연하면 안 된다. 그들은 여차하면 내게 손가락질을 하고, 비웃고, 심지어 등을 돌릴 것이다. 하지만 나는 변함없는 주님의 칭찬과 지도와 꾸지람만을 바라고 순종하는 마음으로 주님이 허락하신 '나의 길'을 묵묵히 갈 것이다."

무슨 일을 하든 하나님 먼저

어찌 보면 억척스럽고 고집스럽다고 할 수도 있지만, 무슨 일을 하든 김 장로님에게는 언제나 하나님의 뜻이 먼저였다. 아무리 가고 싶어도 하나님의 뜻이 아니라면 접으셨고, 아무리 주위에서 말려도 하나님의 뜻이라면 그 길을 묵묵히 걸어가셨다.

김범일 장로님의 삶은 아버지 김용기 장로님의 삶만큼이나 청빈하고 정직했다. 그래서 장로님을 존경하고 따르는 이들이 많았다. 분란이나 어려움을 겪는 곳에도 장로님이 가시면 회복되었다. 상지대 이사장으로 한동대 이사장으로 화해를 꽃피우셨고, 국가재건회의 고문 및 농촌대책위원장, 국가조찬기도회 고문으로 어두운 곳을 밝히는 숱한 일을 감당하셨다.

무엇보다 장로님의 삶은 가나안농군학교 그 자체였다. 장로님이 살아온 길이 곧 가나안농군학교의 역사였다. 그래서 가나안과 함께하며 헌신하는 이들을 특별히 아끼고 사랑하신다. 장로님은 가나안농군학교를 세우신 아버지의 정신을 지키고, 아버지의 정직을 지키고, 신앙을 지키는 일에 온몸을 던지셨다.

장로님은 내가 장로일 때 "영남에 가나안농군학교 세우는 일을 이 장로가 감당해줬으면 좋겠다"고 말씀하셨다. 그 말씀대로 나는 영남가나안농군학교를 세우는 데 헌신했고, 지금도 가나안에서 쓰임받는 리더로 살고 있다.

장로님의 외침, 선포에는 대단한 힘이 있다. 그분의 믿음과 삶이 밴, 속이 꽉 찬 언어이기 때문일 것이다. 장로님이 외칠 때면 나는 늘 성령님이 함께하시는 것을 느낀다. 그런 김범일 장로님을 가까이에서 모시고 따를 수 있다는 것이 내게는 크나큰 복이다.

바른 장로

12

내가 존경하고
사랑하는 장로님들

내 주위에는 훌륭한 장로님들이 너무나 많다. 하나같이 나보다 믿음과 인품이 출중하고 실력은 월등하다. 이런 분들을 보며 '장로는 이렇게 살아야 하는데!' 하고 느낌표를 떠올릴 때가 한두 번이 아니다.

그 장로님들 중에는 사회에 널리 알려진 유명한 분들도 있지만, 지역에서 이름 없이 묵묵히 충성을 다하는 멋진 분들도 많다. 그분들을 알게 된 것이 내 평생의 복이라고 생각한다. 또한 그분들이 한국교회에 있는 것이 한국교회의 큰 복이라고 생각한다.

손봉호 장로님

손봉호 장로님은 일가재단 이사장을 8년간이나 하셨다. 지금도 명예 이사장을 맡고 계신다. 일가재단은 일가 김용기 장로님의 뜻을 잇기 위해 장학, 연구, 시상 등의 사업을 해오고 있다. 장로님은 이사장으로 있을 때 공정하기로 유명하셨다. 어느 단체나 시간이 흐르면 처음의 정신에서 왜곡되거나 훼손되는 경우가 많은데, 일가재단은 그렇지 않다. 장로님 특유의 꼼꼼함과 공정성이 큰 기여를 했다고 생각한다.

장로님은 우리 사회의 대표적인 '선생'이다. 그의 이력이 그렇다. 총신대, 한국외국어대, 서울대 교수를 거쳐 한성대 이사장, 동덕여대 총장, 고신대 석좌교수를 지냈다. 그렇다고 고고하게 대학 강단에서만 가르친 것은 아니다. 때로는 우리 사회의 병폐를 날카롭게 지적하는가 하면 정치권력의 부패에 일침을 가할 때도 있다. 한국교회를 향한 비판은 다반사다.

기독교윤리실천운동, 나눔국민운동본부를 설립해 기독 시민의식을 함양하고, 국민의식을 드높이는 데도 기여했다. 교수이면서도 시민운동, 환경운동, 교회개혁운동 등 다양한 운동에 참여하는 우리나라의 대표적인 실천적 지식인이라고 할 수 있다. 장애인 사회복지단체인 밀알재단 이사장을 맡기도 했다.

특히 장로님은 장애인이 사회의 가장 밑바닥에 있다고 본다. 성경에 사회적 약자로 '고아와 과부'가 등장하는데, 그것이 문자 그대로 고아와 과부들일 수도 있지만 그보다는 사회 약자를 대표하는 처지의 사람들이고, 그 중에서도 장애인이 거기에 가장 해당된다는 것이 장로님의 설명이다.

얼마 전 떠들썩한 정치 뉴스, 전쟁 뉴스 사이에 작은 뉴스가 떴다. 그 뉴스는 기독교인들에게 의미 있는 소식으로 퍼져나갔다. 손 장로님이 자신의 전 재산 13억원을 밀알복지재단에 기부했다는 소식이었다. 언론 인터뷰에서 장로님은 시종 쑥스러워하면서도 기부 소감을 묻는 질문에 "예수님을 조금이라도 닮게 된 것 같다"고 말했다.

뉴스는 갑자기 나왔지만, 장로님의 결정은 갑작스러웠던 것이 아닌 듯하다. 2019년 5월 기윤실에 발표한 '더 아름다운 유산 남기기'라는 글에서 장로님은 이렇게 말씀하셨다.

> "많은 재산을 남기기보다는 자손들의 존경, 신임, 감사의 대상이 되는 것이 훨씬 더 합리적이고 효과적인 자녀 사랑이다. 그리고 남모르게 덕을 쌓아서 결과적으로 자손이 정의롭고 평화로운 사회에서 살 수 있게 하는 것이 더 아름다운 유산이다."

'더 아름다운 유산 남기기'의 역사는 1984년 한경직 목사님의 삶과 가르침에서 영향을 받고 손봉호 장로님(당시는 집사)의 성경 강의를 들은 몇몇 기독 실업인이 '유산 남기지 않기 운동'을 제안하면서 시작되었다. 이 운동에 참여하려면 유산의 3분의 2 이상을 사회에 환원한다는 것과 매년 유언장을 쓴다는 것을 약속하면 된다. 다만 회원의 자녀가 누군가의 짐이 된다면 약속을 지키지 않아도 된다는 조건이 달려 있다.

이 운동은 조직도 없고 회원 명단도 공개하지 않는데, 그때까지 이미 1천여 명이 가입했다. 그리고 회원들이 하나둘 세상을 떠나면서 약속이 차곡차곡 지켜졌다. 아마 장로님도 그때 회원이 되었던 것 같고, 그때의 약속과 다짐을 마음속에 간직해오다가 여든이 넘어서 실천에 옮긴 게 아닐까 싶다.

자손을 굶게 하는 것은 잘못이지만, 굶는 고아를 옆에 두고 배부른 자녀가 사치하게 하는 것은 스스로 삶의 가치를 깎아내리는 어리석은 짓이다. 어른들이 어버이날에 자녀들에게 존경을 요구할 것이 아니라 존경받을 자격을 갖추는 계기로 삼아야 한다는 것이 장로님의 소신이다.

장로님은 1970년대부터 환경운동에도 꾸준히 참여했다. 에너지를 절약하고 자원을 아끼고 소비를 줄여야 한다고 주장하며 캠페인을 벌여왔다. 동시에 장로님도 세수한 물을 변기용으로 재활용하고, 설거지한 물은 텃밭에 주고, 이발은 미용실이 아닌 아내에게 맡기고, 살면서 여행을 위한 여행, 휴가를 위한 휴가는 한 번도 가지 않는 등의 방법으로 환경운동을 실천해왔다.

손봉호 장로님의 아름다운 기부는 선생이 말로만 가르치는 게 아니라 삶으로 보여주는 것임을 단적으로 말해준다. 장로님은 우리 시대, 우리 사회의 참선생이다.

김하중 장로님

김하중 장로님은 세계가나안운동본부WCM 고문단으로 오랫동안 함께하셨다. 익히 알려진 대로 기도의 파워로 한국교회에 남다른 영향을 미쳐온

분이다. 믿음은 기도와 함께 실천으로 이어져야 한다. WCM과 장로님이 기도와 실천에 대해 서로 영향을 주고받았을 것으로 확신한다.

하나님을 위해 산다는 것은 곧 자신을 위해 살지 않는 것이다. 장로님은 심지어 자신을 위한 기도도 삼갈 것을 강조한다. 우리는 하루도 빠짐없이 자신의 필요, 욕구, 꿈을 위해 기도하는데, 이런 기도는 굳이 하지 않아도 하나님이 알아서 해주시므로 우리는 하나님의 뜻을 위해 기도해야 한다는 것이다. 그렇기 때문에 장로님은 자연스레 다른 사람을 위해 기도할 때가 많다. 중보기도다. 장로님의 수첩엔 중보기도 대상자 4천500여 명의 이름이 빼곡히 적혀 있다.

김하중 장로님은 기도의 사람이다. 지금도 평일엔 이름 없는 기도원을 찾아다니며 하루 12시간씩 기도와 독서로 시간을 보낸다. 하나님의 뜻을 묻고 찾기 위해서다. 워낙 유명인이라 여기저기서 강의 요청이 쇄도하지만, 그조차도 그냥 수락하는 법이 없다. 기도를 해보고 하나님의 사인이 떨어졌을 때 비로소 요청에 응하는 것이다.

하루의 대부분을 기도와 독서로 보내는 까닭에 이메일이나 스마트폰을 열어볼 시간조차 없다. 특히 요즘 스마트폰은 하나님과의 소통을 막는 가장 큰 장애물인 만큼 경계 대상 1호다. 장로님은 하루에 딱 네 번만 스마트폰을 켜서 문자나 메일을 확인한다.

기도를 해본 사람은 알겠지만, 기도 응답의 전율은 더욱 기도에 몰두하게 한다. 거의 매일, 하루 10시간 이상을 기도하고 묵상하고 독서로 보내니 기도 응답은 셀 수 없을 정도다. 평생 고아 사역을 했던 조지 뮬러가 5만 번 기도 응답을 받았다고 하는데, 김 장로님은 수십만 번은 응답받았을 것이라 한다.

김하중 장로님은 또한 사랑의 사람이다. 2001년 10월 주중대사로 부임해 2008년 3월까지 무려 6년 5개월 동안 자리를 지켜 최장수 주중대사가 된 것은 물론 정부 수립 이후 최장수 대사라는 기록을 남겼다. 그 비결은 축복과 사랑이다. 중국을 축복하고 중국 사람을 사랑한 것이 결국 우리 정부는 물론 중국에도 인정을 받게 되었고, 이는 양국 관계를 견고하게 만든 비결이었다.

김 장로님은 매일 아침 대사관으로 출근하는 차 안에서 하나님께 중국을 축복해달라고 기도했다. 꼭 중국이어서가 아니라 장로님은 어느 나라, 어느 기관에 가든 자신이 밟는 땅을 하나님께서 축복해주시기를 기도한다. 그렇게 하면 뜻하지 않게 그 축복이 결국 자신에게로 돌아오는 것을 많이 경험했다고 한다.

김 장로님은 엘리트 코스를 밟아 오셨다. 명문대를 나오고, 모두가 부러워하는 외교부에 들어가 오랫동안 대사를 하고, 거기에 장관까지 지내고 유명인이 되었으니 부족할 게 없어 보인다. 하지만 신앙은 늘 십자가를 가까이하는 것이라고 장로님은 강조하신다.

"예수를 믿는다는 것은 십자가에서 죽는 것이다. 그래서 삶이 힘들고 어려워진다. 자기 십자가를 지고 예수를 따라야 한다. 힘들고 어려운 삶을 주저하지 말라. 그것이 바로 예수를 닮은 삶이다. 믿음은 행함이다. 죽

을 때까지 예수 닮은 어려운 삶을 불평하지 말라. 우리는 하나님의 계획

안에 있는 사람이다. 불평하지 말고 좌절하지 말고 순종하고 충성하라.

요셉처럼 하지 않고 요셉의 결과만 바라면 안 된다."

김 장로님에게는 변변한 옷 한 벌 없이 평생 가난했지만 낡은 성경, 찬송가로 자녀들을 위한 중보기도의 삶을 살다 가신 어머니가 계셨다. 어머니가 자신을 위해 무려 15년간이나 매일 중보기도를 하셨듯 장로님도 평생이 나라를 위해, 다른 사람들을 위해 중보의 삶을 살겠다고 다짐한 것이다. 심지어 자손들에게 남겨줄 믿음의 유산도, 이 나라와 민족을 위해 할 수 있는 일도 중보기도라고 하실 정도다.

김하중 장로님은 믿음의 사람이다. 사실 하나님을 믿는 믿음이 없다면 기도도 사랑도 불가능하다. 그의 어린아이 같은 믿음이 어쩌면 그를 '하나님의 대사'로 만들었는지 모른다.

양인평 장로님

양인평 장로님은 평생 법조인으로 사셨지만, 법조인보다는 전도인으로 기억하는 이들이 많다. 가는 곳마다 깨끗한 도시, 복음 전도의 열정으로 살아오셨기 때문이다. 장로님이 자기소개를 할 때 종종 '성시화운동의 방화범'이라고 '자백'하실 때가 있다. 그런 표현에 걸맞게 발령받아 가시는 곳

마다 성시화운동을 조직하고 이끌어오셨다.

특히 1995년 춘천지방법원장으로 부임하면서 "우리가 살고 있는 도시를 제네바처럼 깨끗하고 아름답고 범죄 없는 도시로 만들자"는 춘천 성시화운동의 불씨를 받으셨다. 그때부터 장로님은 가는 곳마다 성시화운동의 불을 지피는 '방화범'으로 자처하셨다.

부산고등법원장을 끝으로 공직에서 물러난 양인평 장로님은 2000년 법무법인 로고스를 설립하셨다. 로고스라는 이름에서 알 수 있듯이 '기독교의 사랑과 공의를 실천하고 빛과 소금의 역할을 감당함으로써 국민과 인류에 봉사하자'는 모토로 양 장로님을 비롯해 전용태 장로님 등 신실한 기독 법조인들이 모였고, 지금은 한국 기독 로펌의 상징처럼 되었다.

나는 양 장로님과 30년 넘게 교제를 이어왔다. 그러니 장로님께 얼마나 많은 영향을 받았겠는가. 거룩한 도시에 대한 꿈을 전수한 것은 물론, 장로님의 정직하고 겸손한 자세에서 보고 배운 게 정말 많았다. 그래서 양 장로님과 함께하는 것이 더할 나위 없는 자랑이었고 기쁨이었다.

양 장로님은 공직자이면서도 목회하는 목사, 사업하는 장로보다 복음을 위해 더 많은 시간을 할애하고 헌신하셨다. 복음을 향한 장로님의 열정을 보면서 나도 복음을 가슴에 품고 살 수 있었다. 내가 영남가나안농군학교를 설립하고 세계가나안운동본부 총재로서 복음의 사명을 감당하는 것 또한 양 장로님의 영향이라 해도 과언이 아니다.

양 장로님은 발령받아 가는 도시마다 기독인 기관장들을 불러모아 도시

복음화에 앞장서게 했고, 갇힌 자를 돌아보는 법무법인 세진회 지회를 설립해 그들을 돌보았고, 직장선교회를 세워서 그리스도인이 직장에서도 복음의 삶을 살게 했으며, 성시화운동을 조직해 지역 목사님들이 성시화에 앞장서게 하셨다. 그렇게 장로님의 삶은 온통 복음이었고, 남을 돕고 나누는 일로 가득했다.

지금은 비록 장로님의 건강이 좋지 않아 내가 기도로 응원해야 하는 형편이지만, 장로님을 생각할 때마다 '나는 한없이 부족한 사람이구나' 하고 느낄 수밖에 없다. 양인평 장로님의 삶은 나 자신을 돌아보게 하고 다시금 복음의 사람으로 헌신하게 한다.

김신 장로님

김신 장로님은 대법관을 지내신 법조인이시다. 부산 동아대 석좌교수로 후학을 가르치시다가 지금은 법무법인 위어드바이즈 대표변호사로 일하신다. 장로님에겐 많은 타이틀이 따라붙지만, 무엇보다 사람을 세우고 가진 것을 나누는 일을 최우선으로 삼으신다.

나는 오랫동안 김 장로님과 봉사를 해왔다. 장로님은 언제나 법조인답게 분명하셨고, 성실의 본이셨으며, 웃음과 유머가 많은 따뜻한 분이셨다. 지금도 장로님을 생각하면 무슨 일을 맡아도 웃으며 감당하시던 모습, 당신의 생각을 이해하기 쉽게 전하시던 모습, 언제나 상대를 세워주시던 모습이 떠오른다.

법관으로서 치우침 없는 판결, 소신 있는 판결로 유명했던 김신 장로님은 복음을 삶의 중심에 두고 사셨고, 그런 장로님의 목표는 분명했다.

"나 자신의 야망은 이루어지지 않아도 하나님의 뜻은 이루어진다. 우리의 이상과 목표는 하나님의 나라에 있는 것이며, 하나님께 영광을 돌려 드리는 것이다."

장로님은 복음을 위해서라면 어디든 가고 누구와도 함께하신다. 장로님이 대법관으로 계실 때, 영락교회 김운성 목사님과 나까지 세 사람이 만나 한국교회의 아픔에 대해 이야기한 적이 있다. 그때도 하나님 사랑, 이웃 사랑의 변함없는 자세를 엿볼 수 있었다. 김 장로님은 그만큼 개인의 감정이나 상황보다 복음의 본질을 붙들고 계시는 분이다.

김신 장로님과 나, 김운성 목사님은 부산의 기독 기관장 모임에서 15년 넘게 함께 일해왔다. 김 장로님은 회장으로, 나는 감사로, 김 목사님은 하나님 말씀을 맡은 메신저로 우리는 서로 좋은 영향을 주고받았다.

김신 장로님은 내가 섬기는 가나안농군학교 사역이 어려움에 부딪힐 때마다 말없이 도움을 주시곤 했다. 그런 모습을 경험했기에 김 장로님이 당신이 가진 달란트를, 물질을 얼마나 많은 사람에게 나눠주셨을지 충분히 짐작하고도 남는다. 이렇게 귀한 김신 장로님과 함께할 수 있었다는 것이 나의 자랑이요 감사다.

김대식 장로님

김대식 장로님은 현재 부산에서 경남정보대 총장을 맡고 계신다. 예전에는 민주평통 사무처장도 하셨고, 전남도지사 선거에도 나오셨을 만큼 정치권에도 발이 넓으신 분이다.

가나안농군학교는 헌신하는 곳이지 누리는 곳이 아닌데, 이분이 소명의식을 가지고 영남 가나안농군학교 이사장을 맡아주셨다. 물론 처음엔 망설이셨지만, 소명감이 생기자 놀라운 헌신을 보여주셨다.

곁에서 지켜보니 일을 제대로 하는 분이었다. 회원 4만 명을 관리하는데 휴대폰을 열면 만남 일정부터 뜬다. 나이가 적지 않으신데 체계적으로 일하시는 모습이 인상적이었다. 비록 이사장으로 오래 일하시지는 못했지만 뚜렷한 소명 의식과 분명한 도전은 가나안농군학교 역사에 큰 획을 그으셨다. 지금도 대학총장을 하며 분명한 목적의식과 체계적인 일처리를 통해 신선한 바람을 불러일으키고 있다.

장로님은 특히 사람을 키우는 데 천재적 자질을 가지고 계신다. 제자들을 키우고, 후배들을 키우고, 그들을 위해 인프라를 만들어주고, 모든 것을 아울러 제자 및 후배들이 마음껏 일할 수 있도록 터전을 닦아주시는 분이다. 어떨 때는 '이분이 있으면 안 될 게 없겠다'는 생각이 들 정도다.

김대식 장로님은 자기 소유는 전부 하나님 것이라 생각하고, 자기 명예도 하나님 것이라고 고백하는 믿음의 사람이다. 지금도 당신의 머릿속에 들어 있는 것을 쏟아붓고 가야 한다는 생각으로 바쁘시다. 장로님은 하루 3~4

시간만 주무시는 걸로 유명하다. 그만큼 할 일이 많고 만날 사람이 많기 때문이다. 그렇게 바쁘신 분이 내가 아침에 성경 묵상을 카톡으로 보내드리면 가장 먼저 답을 주신다. 한 사람의 기독교인이자 장로로서 훌륭한 본이 되신다.

김 장로님을 이어 영남 가나안농군학교 이사장이 된 정동수 장로님도 훌륭하기 이를 데 없는 분이다. 하버드대학교 출신의 치과 원장이신데, 많은 사람에게 먼저 베풀고 나누는 훌륭한 인품의 장로님이시다. 치과가 너무 바빠서 가나안농군학교에 오래 계시지는 못했지만, 그 선한 모습은 선명히 남아 있다.

또 한 분은 현재 영남 가나안농군학교 이사장을 맡고 계신 김성우 장로님이다. 장로님은 인적 네트워크가 엄청난 분이다. 비기독교인을 아우르면서도 목사, 장로들과 두루두루 원만한 관계를 맺고 계신다. 관계를 잘 맺는 일은 그냥 되는 것이 아니며, 희생을 잘한다는 말과 비례한다. 자기희생 없이는 관계를 제대로 맺을 수 없기 때문이다. 옆에서 보면 정말 일을 멋있게 하는 분, 열정이 대단한 분, 거기에 목숨을 거는 분이라는 생각이 든다.

어떤 사람이 삶을 잘 살았는지 못 살았는지는 그 사람의 말이 다른 사람들에게 얼마나 받아들여지는지를 보면 알 수 있다. 김성우 장로님이 말할 때 어느 누구도 '노No'라고 하는 것을 단 한 번도 본 적이 없다.

김성우 장로님은 주도면밀하게 각 사람을 섬긴다. 어떤 사람에게는 전화를 해주고, 어떤 사람은 위로해주고, 어떤 사람은 만나주고, 어떤 사람에게는 방법을 알려주고 다른 사람과 연결도 시켜준다. 나의 장로 시절을 떠올리게 하는 분인데, 나보다 열 배는 더 잘하시는 것 같다. 이런 장로님이야말로 예수님이 말씀하신 세상의 빛과 소금이라고 생각한다.

이관수 장로님

이관수 장로님은 필리핀 가나안농군학교 교장이신데 나보다 연세가 많으시다. 개인적으로는 내가 '형님'이라고 부른다. 이 장로님이 가나안에 헌신하는 모습을 보면 정말 감동 그 자체다. 물질은 기본이고, 정신이나 교육 면에서도 가나안을 훤히 꿰뚫고 계신다. 교육 교재 같은 것도 시대에 맞게 잘 고쳐서 후배들에게 전수해주신다.

이관수 장로님은 WCM 해외 부총재를 맡아 해외선교 현장을 일일이 발로 뛰신다. 현지의 애로사항은 무엇인지, 어떻게 풀어가야 할지에 대해 일일이 현장을 다니면서 보고 듣고 함께 방법을 찾는 분이다. 여러 번 강조했듯이 가나안농군학교는 먼저 삶으로 보여주는 곳이다. 이 장로님이야말로 가나안농군학교가 어떤 곳인지 당신의 삶으로 잘 보여주는 분이다.

WCM에는 이런 장로님들이 아주 많다. WCM 장로기도회를 이끌고 있는 김영명 장로님을 비롯해 스물다섯 분의 장로님들이 하나같이 신앙을 기도로, 기도를 삶으로 헌신적으로 실천하고 계신 가나안맨들이다.

부산에는 '문화재단 21세기 포럼'이라는 단체가 있다. 약 15년 전쯤, 당시

재)동서학원 설립자이신 장성만 목사님이 나를 비롯해 막역하게 지내던 부산의 장로 다섯 사람을 불러서 "장로님들이 이렇게 먹고사는 일만 할 것인가? 희생해야하지 않겠습니까?"고 말씀하셨다. 모두 사업을 하는 장로들이다 보니 그 말씀을 듣고는 각자 돈을 내놓기로 하고 만든 단체가 21세기 포럼이다.

우리는 부산을 시민들이 행복하게 살아가는 표본 도시로 만들자는 가치 있는 목표를 세웠다. 외부 후원은 일절 받지 않고 스스로 돈을 내서 사업을 시작하기로 했다. 직장 등 다양한 곳에 선교연합회를 만들어주거나, 열악한 상황의 문화선교팀에게 후원도 해주고, 교도소 사역도 했다. 나중에 문화재단이 되면서 세상에서 빛과 소금으로 살아가는 기독교인들을 격려하기 위해 매년 시상식도 개최했다. 봉사·교육·문화예술 분야의 수상자를 선정해 거액의 상금을 수여하면서 교계는 물론 부산 사회에서 큰 주목을 받았다. 그렇게 해서 21세기 포럼의 위상은 점점 높아졌고 그에 따라 일도 많아졌다.

2007년, 우리나라의 마부노호가 소말리아에서 피랍된 적이 있다. 납치범들이 선원들의 석방 조건으로 몸값을 요구하면서 장기간 협상이 이어졌다. 이때 21세기 포럼이 나서서 피랍자 구출을 위한 모금 운동을 전개해 구·군연합회, 장로총연합회, 기독실업인연합회, 기독여성협의회로부터 약 4억 원의 후원금과 포럼 자체에서 마련한 후원금을 가지고 직접 소말리아 현장으로 갔다. 그렇게 해서 선원들은 피랍 6개월 만에 풀려날 수 있었다. 21세기 포럼이 피랍 선원 구출에 결정적 역할을 한 것이다. 이는

21세기 포럼의 장로님들이 세상의 빛과 소금이 되어 이뤄낸 성과였다.

　장로는 '내 교회' 일도 잘해야 하지만, 세상을 변화시키는 역할도 충실히 해야 한다. 빛과 소금은 어둡고 부패한 세상에 있을 때 아름다운 법이다. 이 책에는 내가 개인적으로 아는 장로님들을 기록했지만, 이 땅의 빛과 소금으로 살고 계신 내가 모르는 무수한 장로님들을 통해 세상이 환하고 깨끗해지리라 굳게 믿는다.

Chapter

0
3

장로에게
꼭 들려주고 싶은
이야기

01

꿈이 있습니까?

"회장님!"

"장로님!"

서울이나 부산의 어느 거리를 걷고 있는데 어디선가 이런 호칭이 들리면 나는 반사적으로 "예!" 하며 고개를 돌린다. 40여 년을 사업가로, 수십 년을 장로로 살아온 나의 혈관 깊숙이 아직도 사업가, 장로의 피가 흐르고 있는 것 같다. 그래서인지 '회장님'이나 '장로님' 호칭만 들리면 나도 모르게 반응하고, 그런 호칭을 들으면 낯선 사람과도 금세 친숙해진다.

간혹 사람들이 "혼돈의 시대에 어떻게 40년 동안 사업을 할 수 있었느냐?"고 묻는다. "그 많은 기업을 어떻게 직원들에게 넘겨줄 수 있었느냐?"는 질문도 한다. 그때마다 나의 대답은 간단명료하다.

"저는 시골 촌놈입니다. 원래 촌놈은 똥배짱 빼면 아무것도 없습니다. 저는 꿈을 향해 단순하고 우직하게 걸어갈 뿐입니다."

나는 목표가 정해지면 추진력에서만은 그 누구에게도 뒤지기 싫어하는 사람이다. 그래서 젊었을 때 내 별명은 '불도저'였다. 촌놈이다 보니 야망의 크기도 남달랐다. 한때는 누구처럼 이 나라 재계를 움직이겠다는 열망에 타올라 그렇게 사업을 추진하기도 했다.

실패를 통해 꿈을 배우다

하지만 나는 사업을 하는 동안 세 번의 큰 실패를 맛봤다. 사업이 종횡무진으로 확장되던 시기에 부도를 세 번이나 맞은 것이다. 하지만 그 실패는 나를 새로운 꿈으로 안내했고, 그때부터 위험한 야망이 아니라 위대한 꿈을 꾸게 되었다.

실패 속에 신음하고 있을 때 하나님은 나를 만나주셨다. 그리고 내가 가야 할 진짜 길, 내가 품어야 할 진짜 꿈을 찾게 해주셨다. 실패가 내 인생이 롱런할 수 있는 길을 찾아준 것이다. 이때부터 나는 사업을 돈벌이 수단이 아니라 하나의 삶으로 보기 시작했다. 위기가 닥칠 때면 으레 '하나님이 나를 또 어떻게 인도하려고 이러시지?' 하고 은근히 기대하는 사람으로 바뀌었다.

그러면서 위기가 닥치면 회장 자리에서 일반 직원의 자리로 내려와 영업맨이 되어 직원들보다 앞장서 뛰기 시작했다. IMF 환란 때 공장 다섯 곳이 멈추었고, 재고는 쌓여갔으며, 설상가상으로 환율이 상승해 원부자재 가격이 치솟았다.

때마침 TV 홈쇼핑이 주목을 받고 있었다. 나는 (주)코아트라인에서 만든 주방기물과 (주)홍삼고려원의 홍삼 제품을 들고 홈쇼핑 회사를 찾아갔다. PD가 나를 보더니 회사 대표에게 내 얘기를 많이 들었다면서 내가 출연하는 조건으로 론칭을 하겠다고 했다. 왜 그렇게 해야 하느냐고 물었더니 그는 이렇게 말했다.

"회장님의 얼굴이 소비자들에게 믿음을 줄 것 같고, 회장님 목소리가 방송에 딱 맞아서 좋을 것 같습니다."

나는 잠시 망설였지만 다른 방법이 없었기 때문에 일단 "한번 해보자"고 했다. 이틀 뒤 다시 찾아가 방송과 촬영에 대해 의논을 하고 홍삼 제품을 구체적으로 설명했다. 그러고는 이렇게 제안했다.

"효과가 없을 때는 전량 반품을 받겠다고 방송에서 말하겠습니다."

그러자 홈쇼핑 측에서는 난색을 표했다.

"그러면 반품이 쏟아질 텐데 그 손해는 누가 책임을 지나요?"

나는 내가 책임을 지겠다고 말한 뒤 되물었다.

"한 번 출연에 몇 박스가 나가야 방송이 지속되는 거죠?"

그러자 150박스만 팔리면 된다는 답이 돌아왔다.

나는 마음속으로 간절히 기도했다.

'하나님, 도와주십시오. 힘을 주십시오. 이 일이 하나님께 영광이 되고 기업에는 회복의 길이 열리게 해주옵소서.'

이렇게 해서 나는 홈쇼핑 광고에 출연했고, 효과가 없으면 100% 반품을 받겠다고 큰소리를 쳤다. 그런데 홈쇼핑 광고를 시작하자 처음에는 180박스, 잠시 후 300박스, 500박스가 나가더니 하루에 5천 박스가 팔리는 게 아닌가! 기적이 일어난 것이다.

"홍삼고려원 이현희 회장이 출연만 하면 대박"이라는 홈쇼핑 업계의 신화 아닌 신화를 남기며 나는 이렇게 재기의 발판을 마련할 수 있었다.

하나님의 꿈은 반드시 이루어진다

사람들은 말한다, 어느 분야든 소수만이 꿈을 꾸고 성공을 이루는 것 아니냐고. 그렇지 않다. 누구든 진정한 자기 꿈을 찾지 못하는 것이 문제다. 진정 자신이 바라고 하나님이 함께해주시는 꿈을 찾기만 하면 그 꿈은 반드시 이루어진다. 누구든지 꿈을 이룰 수 있다는 말이다.

혹자는 이렇게 반문할지도 모르겠다.

"어떻게 꿈이 100% 이루어진다고 확신하죠? 통계적으로도 그건 불가능한 것 아닙니까?"

물론 그럴 수도 있다. 하지만 나는 야망과 같은 허상의 꿈이 아니라 진정한 꿈을 말하고 있는 것이다. 누구처럼 되고 싶다는 모방심리나 야망은 꿈이 아니다. 돈이나 명예, 지식을 추구하는 것도 진정한 꿈은 아니다. 내 심장을 뛰게 하고, 내 손발을 움직이게 하고, 내 영혼과 온몸의 세포마저 간절히 바라고 원하는 꿈! 그저 뜬구름 잡는 이상이 아니라 철저히 현실에 부합하는 꿈! 이 꿈이 나를 이끌어가므로 언젠가는 반드시 꿈을 이루게 되는 것이다.

무엇보다 꿈은 하나님이 주시는 것이다. 하나님은 꿈을 통해 일하신다.

> "하나님은 여러분 안에서 활동하셔서, 여러분으로 하여금 하나님을 기쁘게 해 드릴 것을 염원하게 하시고 실천하게 하시는 분입니다." (빌립보서 2 : 13 | 새번역)

하나님은 아이를 낳지 못하는 아브라함 부부에게 하늘의 뭇별을 가리키며 "네 자손이 이와 같이 될 것"이라고 약속해주셨다(창세기 15 : 5). 아브라함은 그 하나님을 믿었고, 하나님은 그 믿음을 보시고 아브라함을 의롭게 여기셨다. 하나님은 요셉 역시 꿈으로 그의 삶을 인도하셨다. 어릴 적부터 꿈을 꾸게 하시고 꿈을 해석하게 하셨으며, 그 꿈을 통해 요셉은 마침내 이집트 총리로 등극할 수 있었다. 하지만 그는 하나님의 꿈을 따라 이집트에 뼈를 묻지 않고 가나안 땅에 뼈를 묻길 원했다.

「신약성경」에서도 하나님은 꿈과 환상을 주셨다. 오순절 성령 충만은 예수님의 십자가 죽음으로 쫓기거나 흩어졌던 제자들을 일시에 끌어모은 일대 사건이었다. 베드로는 이 사건을 요엘 선지자가 말한 꿈과 환상의 성취라고 보았다.

"하나님이 말씀하시기를 말세에 내가 내 영을 모든 육체에 부어 주리니 너희의 자녀들은 예언할 것이요 너희의 젊은이들은 환상을 보고 너희의 늙은이들은 꿈을 꾸리라"(사도행전 2 : 17)

지금도 마찬가지다. 하나님은 당신이 이 땅에서 이루시고자 하는 일을 당신의 백성들에게 꿈과 환상을 통해 보여주시고 진행하게 하신다. 그 꿈은 그냥 이루어지지 않는다. 믿음과 힘이 필요하다. 협력도 요구된다. 무엇보다 헌신과 희생을 필요로 한다.

어떤 이는 "꿈은 젊었을 때나 꾸는 것 아니냐" 물을지 모르겠다. 하지만 그렇지 않다. 성경은 분명 '늙은이들은 꿈을 꿀 것'이라고 말씀하고 있다. 세상은 물리적 나이로 65세 이상을 노인으로 규정하지만, 성경은 꿈이 없는 사람을 노인으로 본다. 반대로 꿈을 꾼다면 그가 바로 젊은이인 것이다. 사람은 꿈꾸지 않을 때 진짜 늙은 것이고 꿈꿀 때 진짜 젊은이다.

사람이 꾸는 꿈, 그러니까 야망이나 망상은 쉽사리 포기하고 말지만 하나님이 주신 꿈은 포기가 되지 않는다. 가슴속에 흐르는 강물처럼 끊임없이 이어가게 하신다. 그 꿈의 주체가 내가 아니고 하나님이시기 때문이다. 하나님은 지금도 꿈을 통해 교회를 세우시고 당신의 나라를 확장해가시고 있다.

02

위기를 반기십시오

나는 누가 보더라도 행동파다. 누구보다 추진력이 강하고 모험심이 많아서 행동하는 것을 두려워해본 적이 별로 없다. 돌아보면 나의 이런 기질 때문에 그간 여러 사업도 할 수 있지 않았나 싶다. 그러나 강력한 실천력이 무조건 다 좋은 것은 아니다. 과유불급過猶不及이란 말이 있듯 어디로 튈지 모르는 원칙 없는 실천력은 오히려 우리에게 독이 될 수 있다. 행동하되 원칙과 절제를 갖추어야 열매를 향한 걸음이 된다는 얘기다.

나는 30대 초반까지만 해도 원칙과 기준 없이 무조건 전력 질주하는 인생을 살았다. 하지만 가나안농군학교에서 예수님을 만난 뒤부터는 차츰 행동의 기준에 대해 고민하기 시작했다. 그 무렵 뜻하지 않게 사업의 첫 번째 위기를 맞게 되었다.

사업은 외환위기 같은 시대적 흐름이나 경제구조에 민감하게 반응하는 법이어서, 그때를 포함해 내가 겪은 총 세 번의 위기는 모두 시대적인 어떤 흐름과 밀접한 연관이 있었다. 그것은 내가 어려울 때 다른 사업장들도 똑같이 위기를 맞고 있었다는 뜻이기도 하다.

당시에도 사업을 뒤흔들 만한 폭풍우가 우리 사업장뿐만 아니라 여타의 사업장에 휘몰아치고 있었다. 비교적 젊은 나이에 사업에서 성공을 거두고 사업 확장을 이루었던 나는 갑자기 들이닥친 이 문제로 몇 군데 기업에서 부도를 맞고 말았다. 그것은 곧 기업이 재기할 방법이 막혔다는 뜻이기도 했다. 아무리 사업장이 어려워져도 거래처만 안 끊기면 물건을 팔아 사업을 회복시킬 수 있는데, 부도와 함께 거래처가 모두 끊겨버리는 바람에 물건을 팔 방도가 아예 없어진 것이다.

부도와 죽음의 위기 앞에서

하지만 주저앉는 법을 몰랐던 나는 그런 문제를 겪고도 결코 굴복할 수 없었다. 부도를 맞았지만 공장은 가동되고 있었다. 나는 이 좋은 건강식품을 어떻게든 팔아서 사업을 다시 일으켜야겠다는 생각으로 물건을 가지고 직접 판로 개척에 나섰다. 어차피 영업으로 시작한 사업이어서 다시 영업 전선에 뛰어들어도 전혀 어색하지 않았다.

관리는 직원들에게 맡기고 나는 2.5톤 트럭에 몸을 실은 채 전국을 순회했다. 동네 골목골목을 누비고 다니며 마이크를 잡고 제품을 알리는가 하면, 때로는 마을회관 같은 데 자리를 잡고 "공장도 가격으로 좋은 건강식품을 팝니다. 많이 오셔서 구경하세요." 하고 외쳤다. 홍보와 판매를 직접 담당했던 것이다.

그렇게 하루 종일 뛰어다니다 늦은 밤이 돼서야 잠자리에 들 수 있었다. 그것도 트럭 위가 내가 쉴 수 있는 유일한 장소였다. 모기약을 사방에 빙 둘러 치고 나서 하늘을 보면 젊은 날의 내 꿈처럼 반짝이는 밤하늘의 뭇별이 나를 내려다보며 힘내라고 말하는 것만 같았다. 그때마다 나는 "주님!"을 부르며 다시 일어설 수 있기를 기도하곤 했다.

그런데 이상하게도 기도를 하고 나면 가족 생각이 더 간절해졌다. 당시 기업이 어려워지면서 건강에도 비상이 걸려 나는 간경화 상태로 강행군을 하고 있었다. 입원하라는 의사의 권유도 뿌리치고 전국 순회를 떠나는 나를 위해 아내가 직접 만들어준 인진쑥을 먹으며 간신히 버텼다. 그래서였을까. 평소엔 전혀 해보지 않은 생각이 계속 나를 따라다녔다.

'만약 내가 죽는다면⋯⋯.'

이렇게 강행하다가는 죽을 수도 있었다. 죽음에 대해 구체적으로 생각해본 적이 없었던 나는 그제야 사람은 언젠가 반드시 죽음 앞에 직면하게 된다는 사실을 인정할 수밖에 없었다. 언제 죽을지는 모르지만 죽음이 반드시 내 앞에 도래한다고 생각하니 삶을 잘 정리하며 살아야겠다는 마음이 강해졌다. 언젠가 이 땅을 떠나더라도 하나님 앞에 섰을 때 조금은 덜 부끄러운 모습이어야겠다는 생각도 들었다.

'예수님을 믿더라도 적당히 믿지 말고 심판 날에 나를 위해 변론하실 예

수님을 나의 구주로 모시며 살아야겠다.'

한여름 밤, 모기떼가 윙윙거리는 트럭 위에서 나는 나를 위해 죽으시고 나의 구원자가 되어주신 예수님을 생각하며 눈물을 흘렸다. 내가 언제 죽더라도 예수님으로 인해 영생을 얻게 되었으니 이생에서의 남은 삶은 예수님이 원하시는 모습대로 살아야겠다는 각오도 뜨겁게 일어났다.

"이제부터 내 인생의 행동 기준은 예수님입니다!"

어떤 면에서 나는 자기 확신이 강한 사람이어서 내 생각에 확신을 갖고 살아왔다고 볼 수 있다. 그런데 그 무더운 한여름 밤의 트럭 위에서 내 삶의 세계관이 바뀌고, 내 삶의 기준이 완전히 뒤바뀌는 일이 일어난 것이다. 이제 내 모든 행동의 첫 번째 기준은 '내 뜻'이 아니라 '하나님의 뜻'이었고, '예수님이라면 어떻게 하실까?'가 되었다.

"하나님, 이제부터 하나님이 제 인생의 첫 번째 순위입니다!"

우선선위를 정해놓고 보니

이렇게 고백하고 나자 이번엔 인간관계의 우선순위도 따져보고 싶은 마음이 들었다.

'내가 죽는다면 가장 원통할 사람은 아내일 것이고, 그다음이 부모님, 그다음이 자식, 그다음이 직원들이겠구나.'

그전까지 한 번도 해보지 않은 생각이었다. 그때까지만 해도 나는 친구를 위해 살고 친구를 위해 죽는 사람이었다. 내게 가장 소중한 사람은 친구였지 아내나 가족이 아니었다. 오죽하면 평소 일 중독자처럼 살다가도 친구가 찾아오면 주저 없이 나가서 어울리고, 친구가 어렵다고 하면 망설임 없이 돈을 내주었겠는가.

죽음을 가정하고 내 삶의 원칙과 기준을 하나하나 정리해보던 나는 그동안 인간관계의 우선순위가 잘못되었다는 것을 발견할 수 있었다. 하나님께서도 나와 가장 가까운 짝인 아내부터 먼저 돌아보고, 그다음에 부모님, 그다음에 자식, 그다음에 직원들, 그다음에 친구 순서로 돌아보고 섬기며 점차 인간관계의 범위를 확장하라고 말씀하시는 것 같았다. 부모님보다 아내를 먼저 앞세운 것은 부모님에게는 효자인 형님과 동생이 있어서 걱정이 조금 덜했기 때문이다.

이렇게 인간관계의 우선순위를 조용히 바꾼 날부터 나는 완전히 딴사람으로 살았다. 권위적이기만 한 남편이었던 내가 어느덧 아내 말에 귀를 기울이고, 부모님 편만 들었던 내가 부모님 앞에서도 아내 편을 들어주며 아내를 세우는 일에 열심을 내게 되었다.

내가 직원들의 입장이 되어 기업을 운영하게 된 것도 그때부터였다. 그전까지는 내게 천만 원이 있으면 어려운 친구들을 돌보는 데 썼지 어려운 직원들을 돕는 데는 인색했다. 그런데 그때부터는 내게 맡겨진 직원들부터 돌보라는 우선순위 원칙에 따라 그들을 사랑하며 섬기는 일에 최선을 다하기 시작했다. 직원들에게 나의 일정도 투명하게 공개하고, 직원들이 일할 때 나도 함께 일했으며, 직원들이 힘들어할 때 나도 함께 울어줄 수 있는 사람이 되려 노력했다. 내가 이날 이때껏 골프도 칠 줄 모르고 어디 놀러 다닐 줄도 모르는 사람이 된 것은 그때 직원들의 자리로 내려가 함께 살기로 한 결심 때문이라고 할 수 있다.

이 문제를 해결하자 그때부터 내 삶에는 실제적인 변화가 찾아왔다. 믿음이 자라났고, 가정에는 평화가 임했으며, 기업은 성장에 성장을 거듭했다. 단지 내 행동의 기준과 우선순위를 바꿨을 뿐인데, 내 삶에는 마치 황무지에서 장미꽃이 피어나는 것 같은 변화가 찾아왔다.

오늘도 언행일치를
배웁니다

예수님의 말씀 가운데는 참 어려운 말씀이 많다. 이해하기 어려운 게 아니라 실천하기가 어려운 말씀들 말이다. 그중에서도 산상수훈의 한 구절 한 구절은 참으로 어렵다. 오른손이 죄를 범하면 찍어 내버리는 것, 오른뺨을 치면 왼뺨마저 돌려대는 것, 원수를 사랑하는 것, 심판하지 않는 것…….

그중에서도 결정적인 것은 선한 사마리아인의 비유다. "내 이웃이 누구입니까?"라는 한 율법 교사의 질문에 예수님은 강도를 만나 거의 죽게 된 사람의 비유를 통해 우리의 위선을 꼬집는다. 제사장과 레위 사람은 죽어가는 사람을 보고 피해 지나간다. 하지만 어느 사마리아인은 그를 싸매고, 여관에 데려다주고, 치료 비용까지 다 댄다.

"누가 강도 만난 사람에게 이웃이 되어주었느냐?"

예수님의 물음에 그 율법 교사는 차마 사마리아인이라고 제 입으로 말할 수 없었는지 '자비를 베푼 사람'이라고 대답한다. 그 대답을 한 율법 교사에게 예수님은 말씀하신다.

"너도 이와 같이 하여라."

예수님은 그 율법 교사가 실제로 그렇게 하리라 기대하셔서 그렇게 말씀하셨을까? 아니라고 생각한다. 그 율법 교사의 위선을 꼬집기 위해서였을 것이다. 이 비유에 등장하는 율법 교사, 제사장, 레위인은 당시 최고의 신앙심, 도덕성, 학문을 겸비해야 하는 사람들이었다. 하지만 그들은 위선적이었다. 재난당한 사람을 돕는 것이 율법이지만 돕지 않았다. 아무도 보는 사람이 없으니 그냥 지나친 것이다.

나는 이 비유를 접할 때마다 두려워진다. 혹시 내 안에는 그런 위선이 없는지, 사람은 두려워하면서 하나님은 전혀 의식하지 않는 행동을 하지는 않는지 불안해진다.

김용기 장로님의 삶이 준 충격

가나안농군학교는 1931년 이상촌 운동에서부터 시작되었다. 김용기 장로님이 설립한 가나안농군학교는 새마을운동의 모태가 되었을 뿐만 아니라 많은 사람의 정신교육을 담당하는 기관으로서 경제성장과 부흥의 역사를 이끌고 있었다. 그 시대에 가나안농군학교의 명성은 대단했으므로 나도 약 40년 전 큰 기대를 안고 가나안농군학교에 입소했다.

교육을 받으면서 내가 감동받은 것은 김용기 장로님과 그 가족들의 삶 그 자체였다. 당시 연세가 지극했던 김 장로님은 교육생들과 똑같이 먹고 주무셨다. 우리는 4박 5일간 교육을 받았는데, 물론 교육 내용도 좋았지만 장로님과 가족들이 교육생인 우리와 똑같이 24시간을 함께한다는 것이 충격과 감동으로 다가왔다.

'아, 그리스도인으로 산다는 것은 이런 것이구나.'

성경 말씀대로, 본인의 강의대로 언행일치를 보여주시는 장로님을 곁에서 뵈니 가나안농군학교를 세우신 목적인 하나님 사랑과 이웃 사랑을 실천하겠다는 꿈이 얼마나 간절한지, 또 그 꿈을 이루기 위해 얼마나 치열하게 하루하루를 사시는지 한눈에 알 수 있었다.

그 당시 나와 함께 교육생으로 들어갔던 목사, 장로, 집사들을 모아놓고 강의하시던 장로님의 청청한 음성과 모습이 아직도 생생하다.

장로님은 교육생들 앞에서 대뜸 이렇게 말씀하셨다.

"여기는 모두 먹사들만 왔군요."

장로님의 첫마디에 모두 멍하니 쳐다만 보고 있으려니 말씀을 이어가셨다.

"먹사가 다른 게 먹사가 아닙니다. 먹기 위해 목회하고 먹기 위해 사는 사람이 먹사입니다. 여기 모인 사람들 중에 먹기 위해 목회하고 먹기 위해 일하는 사람이 아니면 손 들어보세요. 목사란 무엇입니까? 목사나 지도자는 하나님을 위해 또 자기 교인들을 위해 죽을 수 있는 사람이어야 합니다. 그것이 목회자나 지도자의 각오요 꿈이 되어야 합니다. 그렇지 않으면 절대로 목사나 지도자가 하나님의 역사를 이룰 수도 없고, 그런 사람은 결코 교회를 성공적으로 이끌 수 없습니다."

무엇을 위해 살 것인가?

김 장로님의 목소리는 부드러우면서도 단호했다. 장로님은 바른 교회관에 대해서도 한참 동안 말씀을 해주셨다. 그 말씀을 듣는데 내 심장이 떨려왔다.

'나는 어떤 사람인가? 나는 과연 나 혼자 잘 먹고 잘살기 위해서 사업을 해온 게 아닌가? 나는 무엇을 위해 사업을 하고 있는가?'

이런 생각이 머릿속을 맴돌면서 마치 뒤통수를 세게 얻어맞은 듯한 충격에 휩싸였다. 강의가 끝나자마자 나는 서둘러 개인 기도실에 들어가 무릎을 꿇고 기도했다. 뜨거운 눈물이 두 뺨을 타고 흘러내렸다.

"하나님, 제가 지금까지 잘못 살았습니다. 나만을 바라보고 욕심내며 꿈을 꿔왔습니다. 잘못했습니다."

그렇게 눈물을 쏟으며 기도하는데, 내 생애 처음으로 예수님이 바로 곁에 와 계심을 확신할 수 있었다. 예수님께서 나의 회개 기도를 곁에서 듣고 계신다는 것이 마음과 영혼으로 느껴졌다. 믿음에 대한 나의 인생 전환, 내 마음과 생각의 완전한 선회는 바로 그때 이루어졌다.

세월이 흐른 뒤, 나는 내 인생의 경영 노트에 이렇게 적었다.

"나를 위해서가 아니라 소비자와 직원들 편에서 기업을 경영하고, 은퇴할 때는 내 자식이 아니라 직원들에게 경영권을 위임하고 그들을 도울 것이다."

그 뒤 나는 직원들에게 경영권은 물론 기업을 완전히 넘겼다. 그리고 젊은 시절에 만났던 스승 김용기 장로님과 장로님의 아들 김범일 장로님을 모시고 배우며 살았던 것에 대한 보답과 실천으로 사재를 털어 1998년 (재)가나안교육원 가나안농군학교(영남)를 세웠다. 그리고 해외에 15개 학교가 있는 유엔 NGO인 세계가나안운동본부 총재를 맡아 섬기고 있다.

하지만 나는 아직도 멀었다고 생각한다. 김용기 장로님이 보여주신 삶을 통한 메시지, 언행일치의 삶은 여전히 나의 옷깃을 여미게 한다. 어쩌면 그렇기 때문에 내가 지금도 더욱 성찰하려 하고 더욱 노력하려 하는지 모르겠다. 나는 아직도 배울 게 많고 이룰 게 많다. 아마 평생 배우고 노력해도 모자랄 것 같다.

04

서로의 다름을
인정하십시오

기독교는 진리다. 유일신 하나님 여호와를 믿고, 그 아들 예수와 성령, 하나님 아버지의 삼위일체를 믿는다. 이 세상에 예수 외에 다른 이름으로는 구원을 얻을 수 없다는 것도 기독교의 핵심 진리다. 이것은 어떤 시대나 어떤 상황에서도 양보할 수 없는 본질이다.

하지만 이 본질 외의 것에서는 양보하고 아량을 베풀 수 있어야 한다. 가끔 기독교가 사회적 물의를 일으키는 것은 이 본질과 곁가지를 헷갈리기 때문이다. 본질이 아닌 곁가지를 지키려고 목숨을 건다면 세상은 기독교에 손가락질을 할 수밖에 없다. 이런 관점에서 기독교는 서로 다름을 인정할 수 있어야 한다. 또한 서로 다름을 존중할 수 있어야 한다.

본질 아닌 것에는 양보와 아량을

우리는 어느 때부터인가 각자의 개성을 존중하기 시작했다. 천편일률적인 것보다는 각자의 특성이 드러나는 문화를 선호하고, 세계는 그 방향으로 흘러가고 있다. 어떻게 보면 너무나 당연하고 자연스러운 현상이다. 사람마다 자라온 환경이 다르고, 배운 것이 다르고, 경제 수준이 다르며, 성별도 다르다.

그런데 자기가 자라온 습관이나 방식만 옳다고 주장하면 다툼이 일어날 수밖에 없다. 이럴 때는 상대편의 입장에 설 수 있어야 한다. 저 사람은 왜 저런 생각을 하고, 왜 그런 입장에 서는지 한 번쯤 생각해볼 수 있을 때 상대방을 이해하게 된다. 이해하면 인정하게 되고 존중하게 된다. 우리가 어떻게 서로 다른지 남녀의 경우를 예로 들어보자.

본래 남자는 지극히 이성적이고 여자는 지극히 감성적이다. 그래서 좋아하는 것, 노는 습관도 다르다. 남자는 대체로 에너지를 분출하는 운동이나 경쟁하는 놀이를 좋아하고, 여자는 음악을 듣거나 섬세한 놀이를 좋아하는 경향이 있다. 남자가 활동적인 것을 좋아하는 반면, 여자는 수다를 좋아하는 경향이 있다.

일상에서도 감성적인 여자는 하루에 2만 마디를 해야 살 것 같고, 이성적인 남자는 하루에 7천 마디면 족하다고 한다. 그래서 아내는 남편과 같이 직장 생활을 해도 할 말을 다 못하고 집에 돌아와 남편을 만나면 할 말이 많이 남아 있다. 하지만 남편은 할 말을 다 하고 들어왔기에 아내와의 대화가 피곤하고 성가신 일이 되어버린다.

감성적인 여자는 과정을 중요시해서 어린 아들이 퇴근하는 엄마를 보고 달려오다가 넘어져 다리에 피가 흐른 이야기를 하는데 소설 한 편을 쓴다. 퇴근하고 집에 오는데 아이가 달려오다가 넘어져서 피가 난 것부터 시작해서 깜짝 놀라서 심장이 멎을 것 같았다는 이야기, 병원에 업고 가서 의사를 만난 이야기, 아이가 주사 맞으며 아파서 운 이야기, 아이를 데리고 돌아오면서 계속 직장을 다녀야 할지 고민했다는 이야기…….

이와는 달리 남자는 요약형이다. "병원에 갔구나? 크게 다치지 않았으니 다행이다" 하면 모두 끝난다. 그러니 남녀 간의 대화나 공감이 쉬운 일은 아니다.

또한 여자는 청각적이고 남자는 시각적이다. 여자들은 연예인들이 나오는 드라마나 영화에서 달콤하고 사랑스러운 이야기에 마음이 꽂히면 감동의 눈물을 흘리고, 어느새 그 드라마나 영화의 주인공이 되어버린다. 한국 드라마에 열광하는 외국 여성들이 한국을 찾는 것도 이 때문이다.

그런 반면, 남자는 마릴린 먼로나 안젤리나 졸리를 보려고 미국까지 가는 사람은 없다. 하지만 남자는 시각적이라 여자친구와 길을 가다가도 예쁘고 매력적인 여자를 보면 감탄하며 쳐다본다. 남녀는 이렇게 많이 다르다.

달라도 너무 다른 우리 부부

우리 부부도 많이 다르다. 내 아버지는 농부다. 전주 이씨라 예절을 끔찍이도 중요하게 여기셨다. 그런데 장인은 일본에서도 사셨고, 영국 부대에서 근무하셨다. 그래서인지 아내는 자유분방하게 자랐다. 결혼해서 며칠 지나고 보니 달라도 너무 달랐다.

단층집에서 세를 얻어 살았는데, 아내는 방에 들어갈 때마다 신발을 아무렇게나 마구 벗어던졌다. 아내와는 달리 나는 학교에 갔다 오거나 놀러 갔다 오면 신발을 벗어 뒤로 돌려 가지런히 정리하고 들어가는 것이 몸에 익은 사람이었다.

아내는 책을 보고도 그대로 늘어놓았고, 이불도 개지 않은 채 아무렇게나 펼쳐놓았다. 매사에 정리정돈이 안 되는 사람이었다. 그런 꼴을 차마 볼 수 없어 몇 번이나 지적했지만, 그때마다 아내는 오히려 당당했다. 신발은 다시 가져다 신으면 되고, 책을 늘어놓은 것은 다시 보기 위해서고, 이불도 다시 펼 테니 펴놓는 것이 오히려 위생적이라는 것이었다.

나는 아내의 '나쁜 버릇'을 고쳐준답시고 몇 번 큰소리를 쳤다. 그런데 어느 날 출장을 갔다 돌아오니 아내는 질린 얼굴로 안절부절못하며 이것저것 치우느라 정신이 없었다. 그때 '아, 고칠 수 없는 것이구나' 하고 깨달았다. 그 이후로 나는 더 이상 아내에게 지적을 하거나 큰소리를 내지 않았다. 그냥 아내의 습관을 이해하기로 했다. 신기하게도 이해하려고 하니 이해가 되었다.

그때부터 우리 부부는 서로 다른 것은 틀린 게 아니라 다른 것임을 깨닫게 되었다. 지금도 아내는 신발을 아무 데나 벗어던진다. 그렇게 아내가 아무 데나 차버린 신발을 정리하며 나는 "오늘은 신발을 참 예술적으로 찼구려"하며 서로 한바탕 웃는다.

부부는 서로의 다름을 이해하고 서로의 부족함을 채워주라고 한 몸이 된 것이다. 부부가 서로의 다름을 이해하지 못하고 인정하지 못하면 몸은 같은 집에 있어도 마음은 같이하지 못할 가능성이 많다. 그것은 서로에게 불행한 일이다.

처음부터 완전한 사람은 없다. 어떤 부부도 결혼을 배우고 나서 결혼한 사람은 없다. 사랑은 서로 배우고 인정하면서 만들어가는 것이다. 부부는 사랑을 주고받고 부족한 부분을 채워주며 살아가는 존재다.

상대방의 입장에 서보고 상대방의 말과 행동을 이해하는 것, 그것은 상대에 대한 인정의 시작이다. 개인 관계에서 서로 다름을 인정할 때 깊은 인격적 관계가 되고, 그러한 관계는 지속 가능성이 높아진다. 교회에서도 제직끼리, 세대별로 서로 다름을 인정할 때 그 교회는 멋진 하모니를 내는 공동체가 된다.

특히 교회 안의 우리는 각자 하나님께 받은 은사가 다르다. 각자 다양한 분야에서 다양한 방식으로 성도를 섬기고 주님의 몸된 교회를 섬긴다. 그 다름은 주님의 몸된 교회를 이루어가는 하나님의 방법이기도 하다.

"우리가 한 몸에 많은 지체를 가졌으나 모든 지체가 같은 기능을 가진 것이 아니니 이와 같이 우리 많은 사람이 그리스도 안에서 한 몸이 되어 서로 지체가 되었느니라"(로마서 12 : 4~5)

사회에서도 마찬가지다. 교회는 세상에서 구별된 존재지만 세상 속에서 존재한다. 따라서 세상에 영향을 줄 수밖에 없고 세상으로부터 영향을 받을 수밖에 없다. 서로 다름은 교회에서나 사회에서나 똑같이 인정되어야 한다. 그것이 기독교 복음의 본질이 아닌 이상 너그러이 이해하고 받아주어야 한다. 이는 세상에 있는 교회를 더욱 교회답게 하는 길이기도 하다.

05

아내와 동행하십시오

꿈은 소통해야 이룰 수 있다. 우리는 모두 세상 사람들 속에서 꿈꾸며 사는 존재이기 때문이다. 나 혼자 살면서 혼자 힘만으로 꿈을 이룰 수 있는 사람은 없다. 누군가는 내가 만든 제품을 사주고, 누군가는 내가 그린 그림을 보고 감동받아야 꿈은 이루어지는 법이다. 상대방의 입장에 서서 상대방을 이해하는 소통능력이야말로 꿈으로 가는 길목 위에 선 우리가 반드시 배워야 할 기본 자질이다.

꿈은 다른 사람이 아니라 내가 이루는 것이다. 그 꿈은 내 것이기에 나의 눈물과 기도와 땀과 사랑이 모여 성취되어야 한다. 그러나 세상 어느 누구의 꿈도 도와주는 이의 협력 없이는 이루지 못한다. 그것이 이 세상을 지으신 하나님의 창조 원리다. 그분은 우리가 서로 유기적으로 연결되게 함으로써 서로가 서로를 더 사랑하며 살도록 의도하셨다.

누군가는 꿈을 이루기 위해 혼자 고독하게 달리고, 또 다른 누군가는 그 모습을 지켜보며 고독하게 살아간다. 서로의 꿈이 공유되면 네 꿈이 내 꿈이 되어 함께 기다리고 함께 성취하는 기쁨을 누릴 수 있다. 그런데 서로 공유하지 못하고 외롭고 비참하게 살아간다면 얼마나 안타까운 일인가. 그렇게 되면 설혹 꿈을 이룬다 해도 주변에 아무도 없을 수도 있다. 그러면 꿈을 이룬들 그 꿈이 결코 나를 행복하게 해주지 못한다.

아내는 나의 페이스메이커

나는 늘 새로운 계획을 세울 때 아내에게 세세한 점까지 동의를 구하며 살아왔다. 사업 방향을 전환할 때나 새로운 사업 구상을 할 때도 내가 무엇 때문에 고민하는지, 다음 계획이 어떻게 되는지에 대해 아내와 자세히 공유했다. 심지어 아내의 동의가 없으면 한 발짝도 떼지 않을 사람처럼 행동하기도 했다. 그러면 아내는 어김없이 내 편이 되어주었다. 내 편이 되어준다는 것은 나를 믿고 지지해준다는 뜻이며, 내가 목표 지점을 향해 달리다 길을 잃어버리지 않도록 끝까지 나의 길을 비춰준다는 뜻이다.

실제로 아내는 나와 살아온 지난 세월 동안 변함없이 나의 지지자였으며, 꿈을 향해 달리는 나의 페이스메이커가 되어주었다.

"앞으로 1년 정도는 생활비를 못 가져올 것 같아. 1년 동안은 회사 부채를 갚는 데 집중해야만 회사를 살릴 수 있어."

내가 사업을 하다가 어려운 고비를 맞아 어쩔 수 없이 이렇게 털어놓을 때도 아내는 경제적 어려움을 감당한 것은 물론, 나를 위해 밤마다 철야기도를 하며 영적인 지원도 아끼지 않았다. 심지어 내가 꿈의 길을 잃어버릴 때도 아내는 내가 가야 할 방향을 자각시켜줌으로써 나를 다시 제자리로 돌아오게 이끌어주었다. 영남에 가나안농군학교를 개척, 설립해서 새로운 꿈을 펼칠 수 있었던 배경에는 이와 같은 아내의 진취적 조력이 있었다.

꿈은 늘 변하는 것이어서 사업가만을 꿈꾸던 젊은 시절 김용기 장로님을 만나뵌 뒤로 나도 모르는 사이에 새로운 꿈의 씨앗이 잉태되었던 것 같다. 그것은 예수님의 가르침으로 무장된 행동하는 민족 지도자들을 양성하고 싶은 꿈이었다. 가나안농군학교야말로 세계 선교의 마지막 보루이자 이 땅의 희망이라는 생각을 그때부터 계속 갖게 되었던 것이다.

그래서인지 나는 사업을 하면서도 마음 한편에 늘 가나안농군학교 정신을 품고 살았다. 김용기 장로님이 소천하시고 나서는 김종일 목사님과 김범일 장로님, 김평일 장로님이 각각 원주와 하남에 있는 가나안농군학교를 맡았다. 그 뒤로도 나는 가나안농군학교 정신을 사업 현장과 가정생활에 적용하며 두 분과 같은 꿈을 가지고 수십 년의 세월을 보내온 것 같다.

그런 내 생각은 아내에게도 공유되어서 아내는 늘 식탁에 반찬을 세 가지 이상 차리지 않았다. 그렇게 절약한 돈은 하나님을 섬기고 이웃에게 베푸는 데 사용했다.

그러던 중 사업에 큰 위기가 닥쳤다. 모두가 어려웠던 IMF 시절이었는데, 갑자기 불어닥친 외환위기와 나의 건강 악화로 큰 어려움에 직면하게 된 것이다. 하필이면 그럴 때 내 스승이신 김범일 장로님이 나를 부르셔서 아무래도 내가 영남에 가나안농군학교를 설립했으면 좋겠다고 권유하셨다.

교회나 기업, 학교 등에서 많은 사람이 가나안농군학교를 찾아가 교육을 받던 1970~80년대에는 다른 지역에 가나안농군학교를 개척하겠다고 나서는 사람들이 종종 있었다. 그런데 무슨 이유에서인지 김용기 장로님은 그분들의 제안을 계속 고사하셨다. 내가 섬기는 교회의 A장로님도 그 무렵 농군학교를 개척할 뜻을 밝히셨다가 뜻을 이루지 못했다.

그즈음 나는 꿈에서 A장로님을 만나 열쇠 하나를 건네받았다.

"이현희 집사가 잘해봐!"

그분이 그렇게 말씀하시는 것을 보고 꿈에서 깬 뒤, 나는 그저 좋은 꿈인 것 같다고만 생각했다.

나보다 나를 더 잘 아는 아내

그 꿈을 꾸고 수십 년의 세월이 흘렀다. 그런데 "영남에 가나안농군학교를 세웠으면 좋겠다"는 김범일 장로님의 권유를 받자 예전에 꿨던 그 꿈이 퍼뜩 떠올랐다. 하지만 선뜻 그렇게 하겠노라 대답할 수는 없었다. 당시 나는 가나안농군학교 개척을 위해 땅을 사고 학교를 지을 여력이 없었다. 더욱이 편리함을 추구하는 이 시대에 사람들을 불러모아 가나안농군학교 정신을 교육할 만한 헌신적 사랑과 열정이 아직 내 속에서 타오르고 있는지도 자신할 수 없었다.

"제가 어떻게 그 일을 하겠습니까? 저는 적임자가 아닙니다. 그리고 지금은 그럴 만한 여건도 안 되고요."

김 장로님의 제안을 주저 없이 거절할 만큼 내 주변 여건은 매우 열악했다. 나는 건강 악화로 쓰러져 병실에 누워 있었고, 회사는 외환위기의 여파로 소생 가능성이 보이지 않았다.

그런데 그런 상황에서도 아내만은 내 마음속 깊숙이 숨겨진 소망의 불꽃을 보고 있었던 것 같다. 아니면 평생 내 생각, 내 꿈을 공유해왔기에 그때야말로 내 소망을 펼칠 타이밍이라는 것을 알았는지도 모르겠다.

누가 보더라도 결코 그 일을 할 만할 때가 아니라고 판단되던 시기에 아내는 몇몇 지인들과 함께 원주 가나안농군학교 수련회에 참석했다. 그러고는 "영남에 세워질 가나안농군학교는 이현희 장로의 몫인 것 같다"는 김범일 장로님의 말씀에 "하나님 뜻이면 순종하겠습니다" 하고 용감하게 답을 하고야 말았다. 그렇게 답을 하고는 며칠 철야기도를 하며 하나님께 매달리더니 "응답을 받았다"며 내게 찾아와 "당신이 해야 한다"고 적극 권유하는 게 아닌가.

그 일이 정말 하나님의 뜻이었는지 난관에 봉착했던 우리 기업은 기적적으로 소생했고, 그 덕분에 5~6년 뒤부터는 농군학교를 시작할 수 있는 힘도 붙기 시작했다. 아내는 그때부터 백방으로 다니며 영남 밀양에 땅을 구입하고, 백 명의 교육생을 수용할 수 있는 시설을 만드는 데 온몸을 바쳐

일했다. 학교가 완공되고 나서 교육생들이 찾아올 때마다 식당에 들어가 밥짓고 설거지하는 일도 마다하지 않았다.

영남에 있는 가나안농군학교는 그렇게 탄생했다. 나는 민족 지도자를 양성하고 싶다는 꿈을 조용히 꾸고 있었지만, 기막힌 타이밍에 그 꿈을 발견하고 실현할 수 있게 초석을 마련해준 사람은 바로 아내였다.

바른 장로

06

원인과 해법 모두
장로에게 있습니다

한국교회의 위기는 어제오늘의 문제가 아니다. 그럼에도 최근 전 세계를 강타하고 있는 코로나19는 실제로 교회를 문 닫게 만들고, 예배를 어렵게 하고, 교인들을 신앙에서 더 멀어지게 한다. 어떻게 보면 지금이야말로 실제적인 교회의 위기라 할 수 있다.

교회의 위기는 곧 신앙의 위기라 할 수 있다. 단순히 교인이 줄어들고 교회 건물이 비는 위기가 아니라 신앙이라는 본질 자체가 훼손되고 사라지려는 하는 것이 진짜 위기인 것이다.

코로나19로 인터넷 예배가 보편화되었다. 굳이 교회에 출석하지 않아도 집에서 편안히 예배를 드릴 수 있는 시대가 되었다. 그리고 내 교회, 우리 교회가 아니어도 얼마든지 예배를 드릴 수 있게 되었다. TV 채널이나 유튜브를 돌리다 보면 우리 교회 예배보다 훨씬 웅장하고 감동적이면서 우리 교회 목사님보다 훨씬 설교 잘하는 목사를 만나게 된다.

그러다 보니 내 취향에 맞는 교회나 설교를 찾아간다. 내 취향이나 귀에

거슬리는 설교는 아예 닫아버린다. 그래서 정통적인 메시지를 전하는 목사의 설교는 외면을 받는다. 좀 더 재미있고, 좀 더 감동적이고, 좀 더 극적인 설교가 각광을 받는다.

복음적인 설교는 더욱 설 자리가 없어지는 반면, 기복적인 내용이나 세상 논리를 따르는 흥미로운 설교는 조회수가 많다. 사람들이 비복음적인 내용에 더 귀를 기울이고 복음적인 내용은 외면을 한다. 이것이 진짜 교회의 위기가 아니겠는가.

목사님은 설교에서 하나님의 분명한 소리, 즉 천국과 지옥을 얘기해야 하고, 앞으로 어떤 시대가 도래한다는 것을 분명히 경고해주어야 한다. 그런데 그런 목소리가 점점 설 자리를 잃어가고 있다.

교회의 진짜 위기

이런 상황에서 교회에 나가는 것은 액세서리에 불과하다. 교회에 친구가 있고 행사가 마음에 들어 나간다. 교회에 안 나가면 뭔가 문제가 생길 것 같아 체면상 교회에 '나가주는' 것이다.

제법 규모가 큰 교회에는 직업이 다양한 사람들이 모여 있어 그 안에서 사업이 이뤄지고 친목도 도모한다. 굳이 하나님 말씀이 안 들려도 얼마든지 교회생활이 가능한 것이다. 어쩌면 예배 없는 교회, 복음 없는 교회가 지금 우리가 다니는 교회의 실제 모습인지도 모른다.

코로나 시기 2~3년은 교인들의 행태를 거의 바꿔놓았다. 교회는 인터넷 쇼핑하듯 가끔 한 번씩 유튜브로 참여하면 그만이다. 굳이 힘든 봉사나 부담되는 교제 따위는 이제 필수가 아니라 선택의 영역으로 넘어가버렸다.

코로나가 잠잠해지면 다시 예전처럼 교회에서 모이고 예배드리고 교제하는 것도 회복될까? 그렇지 않으리라는 것이 문제다. 이게 진짜 교회의 위기인 것이다. 그렇다고 딱히 대책이나 대안이 있는 것도 아니다. 교인들이 없거나 예전 같지 않은데 예배, 기도, 복음을 외치고 있으니 공허할 수밖에 없다. 어쩌면 우리는 지금 예배 흉내만 내고 있는 것인지도 모른다.

은혜의 공동체인 교회는 복음 전파와 영혼 구원, 봉사와 구제로 흘러간다. 교회에서 은혜를 받고 밖에 나가 전도와 봉사를 펼치는 게 교회라는 의미다. 그런데 언제부턴가 말로는 복음, 복음 외치는데 실제로 복음은 우리 삶에서 멀리 떨어져 있고, 밖으로 흘러가지도 않는다.

"기도했습니까?", "전도했습니까?" 물으면 선뜻 대답하기가 두려울 정도다.

이와 같이 교회는, 우리는 근본적이고 총체적인 위기 앞에 서 있다. 그렇다면 장로인 나는 어떻게 할 것인가?

먼저, 하나님에 대한 믿음이 흔들리지 않도록 더욱 견고하게 유지해야 한다. 근본적이고 총체적인 위기에 맞닥뜨리게 되면 "하나님이 우리 교회를 버리신 거야", "우리가 잘못해서 하나님이 벌을 내리시는 거야" 하며 믿음의 기둥마저 흔들릴 수 있다.

물론 그럴 수도 있다. 하지만 어떤 상황과 형편 속에서도 우리가 흔들리지 않아야 할 것은 하나님에 대한 전적인 신뢰다. 하나님에 대한 믿음이다. "지금의 위기도 하나님이 주신 것이니 극복할 힘도 주실 거야", "지금의 난관을 뚫고 더욱 하나님을 잘 믿게 하려는 거야", "지금의 위기를 극복하면 우리 교회는 더욱 건강해질 거야" 하는 믿음 말이다.

문제의 원인도, 해결 방법도 '나'로부터

그러고 나서 우리에게 필요한 것은 회개다. 회개는 그저 하나님 앞에서 잘못했다고 말로 고백하는 것이 아니다. 문제나 위기 앞에서 그 원인을 성찰해보는 것 그리고 잘못된 데서 돌이키는 것이 바로 회개다.

문제나 위기의 원인은 대체로 구조나 외부에서 찾을 때가 많고, 실제로 거기에서 원인을 찾아낸다. 하지만 원인은 그렇다 해도 해법은 자기 자신에게서 찾아야 한다. "그렇다면 나는 어떻게 할 것인가?"가 나와야 하는 것이다.

이것은 개인, 교회, 사회 등 모든 영역에 적용된다. 예를 들어 교회가 어려움에 직면해 있다면 "교회가 지금 이런 어려움에 처했는데, 저는 어떻게 해야 할까요?" 기도하며 방법을 찾고, "사회가 지금 이런 곤경에 처했는데, 저는 이럴 때 뭘 해야 할까요?" 기도하며 방법을 모색하는 것이다. 그렇게 기도하는 사람이야말로 교회의 지도자, 사회의 지도자 자격이 있는 것이다. 그래야 장로 자격이 있다.

태풍이 몰아쳐서 집에 물이 샐 때 손님은 그냥 구경만 하거나 피신한다. 하지만 집주인은 그렇지 않다. 비바람을 무릅쓰고 지붕 위에 올라가 구멍이 난 곳을 고친다. 비바람을 막아낸다. 귀찮고 힘들지만 피하지 않는다. 자기 집이기 때문에, 자기가 주인이기 때문이다.

교회나 사회의 문제도 그렇다고 생각한다. 평소에는 주인과 손님이 구분되지 않고, 누구나 다 주인 같다. 하지만 문제나 위기가 닥치면 확연히 구분된다. 손님은 비난만 하고 구경만 하거나 도망가버리지만, 주인은 그 문제나 위기를 감당한다. 그리고 직접 해결에 나선다.

우리는 교회의 주인이 예수님이라고 말하면서 정작 교회가 필요로 할 때는 손을 놓아버리는 경우가 많다. 예수님은 사람을 통해 일하신다. 교회가 위기일 때 그 위기를 극복하게 하는 것도 사람을 통해서다. 그 위기를 온몸으로 막아서는 자, 그 위기가 자신 때문임을 고백하는 자, 예수님의 몸 된 교회를 위해 기꺼이 자신을 바치는 자를 통해 교회의 위기는 마침내 극복된다.

하나님의 아들이신 예수님은 이 땅에 오셔서 왕으로 영화를 누릴 수도 있었지만 십자가의 죽음을 묵묵히 감당하셨다. 그래야만 우리의 죄를 구속하실 수 있었기 때문이다. 제자들과 사도들 또한 예수님의 뒤를 따라 온갖 고난과 죽음을 묵묵히 감당했다. 그래야만 온 인류를 구속하시려는 예수님의 사랑이 퍼질 수 있었기 때문이다.

아는 사람이 많지 않은 '그들처럼'이라는 복음성가가 있다. 그 가사는 이렇다.

> "하늘빛 고운 새벽을 가르며 동이 터오는 아침을 지키려네
> 새벽을 깨우던 그들처럼 이 땅에 파수꾼 되기 원하오니…
> 민족의 아픔을 가슴에 안고 눈물 흘리며 자신을 드려왔던
> 믿음의 선배들 그들처럼 한 알의 밀알이 되기 원하오니…"

장로는 교회와 민족의 아픔과 위기를 내 일처럼 끌어안고 자신을 드리는 사람이다.

바른 장로

07

장로는 교회 밖에서도
리더입니다

기독교인은 교인인 동시에 시민이다. 교회생활을 하면서 사회생활도 해야 하는 기독교인의 이중 역할을 말하는 것이다. 여기서 말하는 이중 역할이란 둘 중에 우선순위가 있다는 것이 아니라 둘 다 중요하다는 말이다.

장로도 마찬가지로 교회의 지도자이면서 동시에 사회의 지도자다. 동시성이다. 교회에서도 리더로서 훌륭해야 하지만 교회 밖에서도 그 훌륭함이 연속된다는 뜻이다.

장로는 일반 회사 사람들 사이에서도 보통 '장로'로 알려지는 경우가 많다. 교회에 안 다니는 일반인도 그 사람이 장로라고 하면 교회에서 잘 지내는 사람쯤으로 이해한다. 하지만 더 예리하게 보는 것이 있다. 장로로서 회사 생활을 어떻게 하는가다. 교회에서는 다 같이 예배를 드리니 동질성이 있을지 모르지만, 회사에서는 그렇지 않다. 많은 사람이 술을 마시지만 장로는 술을 마시지 않는다. 그리고 술 마시는 사람들이 술 안 마시는 장로를 평가한다.

그 말은 이런 뜻이다. 술을 마시고 방탕하고 흐트러진 사람들이 장로를 정확히 본다. 장로의 삶을 보는 것이다. 비록 술을 마셔 흐트러져 보이지만 마음속으로는 '저 장로가 어떻게 살고 있나? 정말 경건한가? 정직한가? 많은 사람을 위해 희생하고 있나?' 이런 것을 본다.

이때 긍정적인 평가를 받지 못한 장로는 손가락질을 당한다.

"저 사람, 이중인격자야."

"교회에서는 인정받을지 몰라도 난 저 사람과 친구 하기 싫어."

나는 회사에서 어떤 장로인가?

보통 장로 직분쯤 되면 교회생활에 바쁘다. 주중에도 있는 각종 예배에 가야 하고, 회의에 참석해야 하고, 교회 모임이나 행사에 가야 한다. 그러다 보니 회사 생활에서 슬그머니 핑계가 된다. 그런데 회사 사람들이, 술 마시고 흐트러진 사람들이 그것을 정확하게 본다.

'아, 저 사람은 교회 핑계 대고 회식에 빠지는구나.'

'저 사람은 교회 핑계 대고 야근을 안 하는구나.'

'아, 저 사람은 자기희생을 안 하는 사람이구나.'

물론 당사자인 장로도 할 말이 많겠지만, 문제는 회사 사람들이 그렇게 인식하고 있다는 것이다. 그것은 어떤 말로 설명한다고 해도 돌이키기 힘들다. 이미 이미지가, 인상이 그렇게 굳어졌기 때문이다.

직장에서의 행동을 바꿔야 한다. 이래서 빠지고 저래서 빠지면 안 된다. 직장에서도 열심히 하고 희생해야 한다. 예를 들어 회식을 할 때도 같이 가야 한다. 비록 술은 못 마시더라도 술자리에 함께 참석해서 동료들이 살아가는 이야기, '뒷담화'를 들어주고 공감해줘야 한다.

야근할 때 꽁무니를 빼지 않고 솔선수범해야 한다. 그래야 인정받는다. 이래저래 빠지면 결국 돌아오는 것은 "교인들이란 그저 입만 번지르르할 뿐"이라는 혹독한 평가다. 그것은 장로 개인에게도 불명예지만 그가 속한 교회, 나아가 예수님의 얼굴에 먹칠하는 일이다.

예수님은 세상에서 빛과 소금이 되라고 하셨다. 세상에서 하나님의 영광을 드러내라고 하셨다. 결코 교회에서만 영광을 드러내라고 가르치신 적이 없다. 교회에서는 열심인데 직장에서는 이래저래 빠지는 장로가 있다면 뭔가 크게 착각하는 것이다.

기독교인들 가운데는 이런 편견을 가진 사람도 없지 않은 것 같다. 회식 자리에서 술 마시고 흥청대고 비틀거리는 사람을 상종하지 못할 죄인으로 여기는 것 말이다. 하지만 예수님도 죄인들과의 무수한 회식 자리에 참여하셨고, 그들과 술자리를 함께하셨다. 그래서 '죄인들과 함께하는 사람', '먹을 것만 탐하는 사람'이라는 비난과 오해도 받으셨다.

하지만 예수님은 그 죄인들을 구원하셨다. 그들과 함께하며 그들의 입장을 이해하고 그들과의 대화를 통해 마침내 그들을 영원한 생명으로, 하나님 아버지께로 안내하셨다.

나도 직장 생활을 할 때는 되도록 회식 자리에 빠지지 않으려 노력했다. 비록 술은 못 마시더라도 동료들의 술자리에는 꼭 배석했던 것 같다. 처음엔 "술맛 떨어진다"며 언짢아하던 동료들도 내가 그들의 말을 경청해주고, 헤어질 때 택시까지 태워서 집에 보내주는 것을 보며 나를 인정하기 시작했다.

세상이 기독교인에게 원하는 것은 말이 아닌 삶

세상이 기독교인에게 원하는 것은 말이 아닌 삶이다. 삶으로 보여주지 않는 신앙은 세상에 아무런 영향을 주지 못한다. 그 삶은 반드시 희생을 동반해야 한다.

우리는 흔히 교회에 많이 헌신하라고 들어왔고 그렇게 알고 있다. 아니다. 교회에서는 되도록 희생을 적게 하고 세상에서 희생을 많이 해야 한다. 교회는 에너지를 쏟는 곳이 아니라 에너지를 얻는 곳이다. 그렇게 얻은 에너지를 세상에서 쏟아야 한다. 그래야 '복음'이라는 단어에 어울린다.

우리에게 주어진 복음은 교인들에게 전하라고 주어진 것이 아니라 세상 사람들에게 전하라고 주어진 것이 아닌가. 세상 사람들에게 복음을 전하는 방법이 뭘까? "예수천당 불신지옥"일까? 아니다. 세상 사람들에게 인정받는 것이다. 자기를 희생하고 정직하게 행동해서 세상 사람들에게 칭송

바른 장로

을 받는 것이다. 그러면 사람들이 '저 사람이 믿는 예수라면 나도 믿고 싶다. 저 사람이 다니는 교회라면 나도 다니고 싶다'고 생각하게 될 것이다.

흔히 우리는 세상이 우리를 손가락질하면 핍박을 받는다고 생각하기 쉬운데, 실제로 핍박일 때도 있지만 우리가 잘못한 경우도 많다. 잘못은 자신이 해놓고 하나님을 원망하거나 목사 탓을 한다든지, 잘못은 자신이 해놓고 '고난을 받는다'고 생각하는 것이다. 내가 잘못했다면 그에 따른 결과도 내가 책임지는 것이 당연하다. 내 잘못 때문이 아니라 교회나 다른 사람을 위한 일로 어려움을 당한다면 그 역시 감내해야 한다. 단, 거기엔 하나님의 보상이 주어진다는 것이 다르다.

예수님은 세상을 구원의 대상으로 보셨지 분노나 심판의 대상으로 여기지 않으셨다. 구원의 대상으로 보셨기에 불쌍히 여기셨다. 그래서 사람들을 위해 기도하셨고, 불의한 세상의 심판도 끝까지 감내하셨다.

우리에게도 세상은 여전히 피해야 할 대상이 아니라 구원의 대상이다. 적극적으로 다가가고 적극적으로 품어야 한다. 적극적으로 그들의 목소리에 귀 기울여주고, 그들의 눈물을 닦아주고, 그들의 고난 현장에 동참해야 할 의무가 우리에게 있다.

장로는 교회와 세상을 이분법으로 구분해선 안 된다. 교회도 세상도 주인은 오직 한 분 하나님이심을 잊어서는 안 된다. 그 하나님이 나를 교회의 리더, 세상의 리더로 삼으셨다는 사실도 늘 기억해야 한다.

08

가족수련회 어떤가요?

몇 년 전 소천하신 방지일 목사님의 가족수련회 사진을 본 적이 있다. 백여 명은 되어 보이는 사람들이 똑같은 티셔츠를 입고 집회 장소에 모여 있는 사진이었다. 그냥 봐서는 교회 수련회로 착각이 들 정도의 규모였다. 참 부러웠다. 가족이 수련회로 모이는 일은 단순히 수가 많다고 해서 가능한 것은 아닐 것이다. 온 가족이 동의해야 하고, 그러려면 서로에 대한 앙금이 없어야 하기 때문이다.

가족은 하나님의 전적인 선물이다. 아내도 그렇고 자녀도 그렇다. 어느 것 하나 하나님이 주시지 않은 게 없다. 인생을 살아가는 데 든든한 버팀목이 되는 것도 가족이다. 혼자서는 헤쳐나갈 수 없는 일도 가족이 있어 넉넉히 감당하는 경우가 많다. 성경은 가족을 하나님께서 주시는 복이라고 말씀하고 있다.

"여호와를 경외하며 그 도에 행하는 자마다 복이 있도다 네가 네 손이 수

고한 대로 먹을 것이라 네가 복되고 형통하리로다 네 집 내실에 있는 네 아내는 결실한 포도나무 같으며 네 상에 둘린 자식은 어린 감람나무 같으리로다 여호와를 경외하는 자는 이같이 복을 얻으리로다 여호와께서 시온에서 네게 복을 주실지어다 너는 평생에 예루살렘의 복을 보며 네 자식의 자식을 볼지어다 이스라엘에게 평강이 있을지로다"(시편 128편)

그런 점에서 우리 가족도 하나님의 복을 많이 받았다고 할 수 있다. 우리 부부는 여섯 공주를 슬하에 두었다. 여섯 공주님 중 넷이 결혼을 했고, 늦게 낳은 두 딸은 아직 미혼이다. 손자, 손녀가 일곱 명이어서 온 가족이 모이면 열아홉 명이다.

가족 모임, 1년에 5번 이상은 기본

요즘처럼 자주 모이기 힘든 상황에도 우리 가족은 자주 모이는 편이다. 1년에 5번 이상은 기본적으로 모인다. 설날과 추석, 우리 부부의 생일과 어버이날은 변함없이 모이고, 특별한 일이 있을 때도 모인다.

그리고 1년에 한 번은 다른 지역에 모여 가족수련회를 진행한다. 여느 교회 수련회처럼 1부 예배, 2부 나눔이 있다. 사회자가 사회를 보고 찬양과 기도로 시작한다. 이어서 준비한 말씀을 전한다. 말씀은 보통 내가 전하고, 그 말씀을 서로 나눈다. 그리고 2부 시간에는 한 사람씩 돌아가면서 그동안의 생활에 대해 이야기한다. 이때는 좋은 말과 잘한 일을 먼저 이야기한 뒤, 그다음에 힘든 일과 그것을 이겨낸 이야기를 나눈다.

이때 가족이지만 서로 몰랐던 사실을 알게 되는 경우가 많다. 서로 알게 되니 이해하고 공감하게 되고 가족애가 더 돈독해진다. 박수 치고 안아주며 서로를 격려한다. 한 사람씩 이야기한 내용을 가지고 다 같이 통성으로 기도한다. 그리고 마지막으로 한 사람이 대표 기도를 한다.

이렇게 손자, 손녀까지 다하고 나면 2시간에서 3시간 정도 걸린다. 짧은 가족수련회지만 이렇게 하고 나면 가족애도 더 깊어지고, 삶에 대한 자신감과 가족에 대한 소중함을 각자 느끼게 된다. 무엇보다 우리 가족 안에 성령님이 함께하심을 경험하게 된다.

수련회가 끝나면 음식을 나누며 자유롭게 이야기한다. 나는 그 모습을 보고 있으면 그렇게 감사하고 흐뭇할 수가 없다. '하나님, 감사합니다' 하는 기도가 마음속에서부터 터져나온다.

가족수련회가 끝나고 식탁 교제를 나눌 때 하는 일이 한 가지 더 있다. 축하할 일이 있으면 축하금을 주기도 하고, 중고등학교나 대학교에 입학하는 자녀가 있으면 가족장학회(명칭은 '씨뿌리는 마음 장학회'다)에서 장학금 증서와 함께 장학금을 지급한다. 심지어 가족들에게 상장과 상패를 주기도 하고 감사패를 주기도 한다.

내 칠순 때는 감사패와 함께 세계 여행을 다녀오라며 건네는 거금을 받기도 했다. 하지만 코로나가 창궐하던 때라 해외로 나갈 수 없었다. 그 돈은 결국 내가 섬기는 영남가나안농군학교에 후원했다. 감사패에는 이런 글이 적혀 있었다.

"칠십 년 세월, 늘 저희의 삶에 버팀목이 되어주시는 아버지 사랑합니다. 부족함 없이 자유롭게 꿈을 이루며 자란 저희의 삶 뒤에는 늘 아버지의 희생이 있었습니다. 그 희생을 가슴 깊이 새기며, 아버지가 앞서 보여주신 삶의 길을 따라가겠습니다. 아버지가 늘 말씀하신 명문가를 이루기 위해 열심히 살아가길 다짐하며 여섯 딸과 네 사위가 감사패를 드립니다."

나는 자녀들을 볼 때마다 늘 감사한 마음이 든다. 믿음 안에서 잘 자라주고, 그런 가정을 만들며 이끌어가고 있어서다. 딸과 사위들이 제대로 배우고 갖추었으면서도 겸손하게 하나님께 쓰임받는 것을 보며 늘 감사한다.

2022년 봄, 우리 가족에게 비상이 걸렸다. 아내가 유방암 판정을 받고 수술을 해야 했던 것이다. 나는 부산 병원에서 수술하려고 이곳저곳 알아보았는데, 사위들과 딸들이 어느새 서울 삼성병원에서 수술받도록 절차를 밟아 한시름을 덜 수 있었다. 입원 수속과 수술 후 병수발, 병원비 문제까지 자녀들이 한마음으로 하나가 되어 기쁨으로 감당해주었다. 그 일을 겪으며 아버지로서 한없는 뿌듯함을 느꼈다.

부부생활의 십계명

자녀가 결혼하면 딸과 사위를 앉혀놓고 내가 하는 말이 있다.

1. 믿음 생활은 당연한 습관처럼 하라.

2. 다른 부부와 비교하지 말라.

3. 가정예배를 드리며 마음을 열고 대화하라.

4. 남자와 여자가 다른 점을 이해하라.

5. 하나님이 짝지어주심을 기억하라.

6. 부부는 서로의 부족을 채워주어야 한다.

7. 주어진 일을 사명으로 알고 감당하라.

8. 모든 삶의 기본이 가정임을 알라.

9. 직장의 일을 집에 와서는 하지 말라.

10. 부모를 공경하고 가족을 사랑하라.

거창고등학교의 '직업 선택의 십계명'처럼 '부부생활의 십계명'을 만든 셈이 되었다. 그리고 마지막에 꼭 덧붙이는 말이 있다.

"나는 앞으로 가정에 대한 의논은 사위와 하겠다."

그래서 가끔 사위들과만 따로 모인다. 모여서 가정의 중대사를 이야기할 때도 있지만, 목욕도 하고 당구도 치면서 소통하고 삶을 나눈다. 때로는 신앙생활을 지도할 때도, 성공에 대한 바른 가치관을 이야기할 때도 있다.

내가 이렇게 할 수 있는 배경에는 가나안농군학교에서 김용기 장로님과 김범일 장로님에게서 직접 보고 받은 가르침이 있다. 이 밖에도 동서학원 설립자이신 장성만 목사님과 부산고등법원 원장이셨던 양인평 장로님, 신앙의 여정에서 영적 아버지와도 같았던 이한석 목사님(고신 총회장 역임), 오상진 목사님(사랑의교회 오정현 목사의 부친)이 나에게 큰 가르침을 주셨다.

09

김용기 장로님처럼

내가 김용기 장로님의 다큐 영화를 만든다고 하자 기대와 함께 우려하는 이들이 적지 않았다. 가나안농군학교도 옛날 시스템이고 김용기 장로님도 옛날 분인데, 굳이 돈을 들여서 다큐 영화까지 만들 필요가 있느냐는 것이었다. 물론 일리 있는 말이지만, 나는 장로님의 다큐 영화를 통해 이 시대에 꼭 전하고 싶은 메시지가 있었다.

이 질문에 대한 답을 잠깐 생각해보라.

"우리 시대에 따를 만한 지도자가 있는가?"
"마음으로 배우고 싶은 스승이 있는가?"
"자신을 온전히 희생하는 참목자가 있는가?"

어떤가? 없다고 할 수는 없지만, 막상 꼽을 만한 사람이 딱 떠오르지는 않을 것이다. 왜 그럴까? 과거 위대했던 사람들이 말년에는 욕심으로 대부분 변질되었기 때문이다. 지금 학생들한테도 "스승이 있냐?"고 물어보면 고개를 절레절레 흔든다. 교인들에게 "당신이 정말 존경하는, 교인들을 위해 자기 목숨까지 내놓을 수 있는 목사가 있냐?"고 물어보면 과연 몇 사람이나 그렇다고 대답할까?

김용기 장로님

김용기 장로님의 경우 따를 만한 분으로 꼽는 분들이 많았다. '복음주의 4인방'으로 불렸던 옥한흠·하용조·홍정길·이동원 목사님은 모두 가나안농군학교 출신들이다. 가나안농군학교에서 김용기 장로님에게 가르침을 받은 제자들이다.

이분들이 말씀하기를 우리 현대사에서 훌륭한 스승을 찾으면 해방 전엔 안창호 선생이 계셨고 해방 후엔 김용기 장로님이 계셨다고 한다. 이유는 이렇다. 복음주의 4인방은 하나같이 존경받는 대형교회 목회자들로서 자기들은 돈을 내라고 하면 얼마든지 다 내고 뭐든 할 수 있는데, "네가 올바르게 살았냐?"고 물으면 김용기 장로님께 저절로 머리가 숙여진다는 것이다. 그분들이 김용기 장로님에게 와서 배웠던 이유도 그것이었다.

김용기 장로님은 네 목회자의 교회에 가서 부흥회를 몇 번 인도하셨다. 김범일 장로님도 그 교회에 여러 번 가셨다. 돌아보면 복음주의 4인방 가운데는 자식에게 교회를 물려준 분이 없다. 윤리적인 문제로 욕을 먹는 분도 없다. 왜 그럴까? 나는 그것이 바로 정신의 차이라고 본다. 그들의 마음 속에는 위대한 지도자 김용기 장로님이 있었던 것이다.

이것을 다음 세대에 꼭 말해주고 싶었다. 보여주고 싶었다. 많은 사람의 유익을 위해 자신을 희생한 사람, 우리 민족의 운명을 바꾸려고 몸부림쳤던 사람이 우리 현대사에 분명히 있었다고 말이다.

가나안의 정신을 흔히 '복민주의福民主意'라고 한다. 이 말이 생긴 유래를 보면 이렇다. 우리 사회는 해방 후 공산주의와 자유주의가 서로 싸우면서 전쟁 아닌 전쟁을 치르고 있었다. 그때 김용기 장로님은 이렇게 말씀하셨다.

"이제 일제의 압제에서 해방이 되었으니 국민에게 희망을 주고 국민을 잘살게 해야 하는데, 공산주의면 뭐 하고 자유주의면 뭐 하냐? 그런 데 너무 치우치지 말고 국민에게 용기와 희망을 주는 일을 하자."

해방 후 김용기 장로님이 이 나라를 위해 하나님께 기도하면서 받은 게 바로 '복민'이다. 복민이란 하나님의 백성이란 의미도 있지만, 복받고 잘사는 백성이란 의미도 있다. 그러려면 복받고 잘살 수 있도록 먼저 행동하게 만들면 된다는 것이 장로님의 가르침이었다. 다 복받고 다 잘살면 될 텐데 사람들이 복받을 짓보다는 망할 짓을 하기 때문에 복을 받지 못한다는 것이다. 장로님이 복민을 부르짖고 다니니 그것이 가나안농군학교가 되고 새마을운동으로 확산돼, 마침내 실제로 이루어졌다.

김 장로님은 어찌 보면 인간적으로 불가능한 것을 가능하게 만드신 분이다. 장로님은 신사참배를 적극적으로 반대했다. 자기 뜻을 절대 굽히는 법이 없었다. 일각에서는 그분이 박정희 대통령에게 굽혔다고 하는데, 절대 그렇지 않다. 목숨을 내놓고 사신 분이 굽힐 이유가 있었겠는가. 박 대통령도 인물이었던 게 그런 김용기 장로님을 알아본 데다 청와대 직원들까지 모두 가나안농군학교로 보내 교육을 시킬 정도였다. 한경직 목사님, 조용기 목사님도 김 장로님을 존경하고 따랐다. 한 목사님은 힘들 때면 가나안농군학교에 와서 '나이 적은 스승님'이라고 부르며 장로님과 대화를 나누었다.

박정희 대통령은 가나안농군학교를 전국적으로 키우려고 했지만 장로님이 이를 거절했다. 장로님은 세 가지 이유를 들어 대통령의 요청을 거절했다. 정신은 정치와 만나면 썩는다는 것, 배부르면 변질된다는 것, 예수 믿는 사람들은 정치와 결탁하면 안 된다는 것이었다. 나중에는 정권에서 새마을운동 회장을 맡아달라고 여러 차례 요청했지만, 장로님은 그 요청도 번번이 거절하셨다.

나는 이 위대한 분과 그분을 둘러싼 분들의 이야기를 통해 "우리도 한번 이렇게 살아보자"는 것을 보여주고 싶었다. 그런데 시사회를 가보니 영화가 내 마음만큼 나오지 않아 아쉬움도 좀 있었다. 하지만 나는 일을 시킬 때 전권을 주고 중간에 일일이 간섭하지 않는 사람이다. 그래서 영화는 영화를 만든 사람의 관점이 있는 것이니, 아쉽지만 그대로 인정하기로 했다.

김용기 장로님처럼

영화를 만들고 나니 개봉관 찾기가 쉽지 않았다. 코로나 상황으로 영화관보다는 TV나 인터넷으로 사람들을 찾아가는 형태가 있다는 것도 이번에 알게 됐다. 어쨌든 김용기 장로님의 다큐 영화 〈가나안 김용기〉가 다양한 방법으로 지금 세대는 물론 다음 세대에게까지 다가가게 할 것이다.

김용기 장로님은 우리 세대의 어른들이 왜 '꼰대'로 전락했는지 그 이유를 분명히 가르쳐준다. 이유는 단순하다. 말과 행동이 달랐기 때문이다. 젊은 세대가 어른들을 꼰대라고 하는 것은 말을 많이 하기 때문만은 아니다. 그 말이 행동과 부합하지 않기 때문인 것이다. 하지만 김용기 장로님은 말한 것을 행동으로 옮기셨다. 아니, 그의 삶에 배어 있는 것을 입술로 말씀하셨다. 그래서 그 말에는 호소력이 있었다. 파워가 있었다. 오늘 우리가 참된 지도자, 스승, 목사를 찾기 어려운 것은 자신이 말한 대로 사는 이들이 드물기 때문이다. 젊은이들이나 청소년들이 사회에서 감동이나 비전을 얻지 못하고 스마트폰을 들여다보고 있는 것도 감동과 비전을 줄 만한 어른이 우리 세대에 없기 때문이다.

김용기 장로님의 시대와 사회는 지금보다 훨씬 엄혹하고 암울했다. 그런 시대와 사회가 밝아지고 맑아진 데는 장로님처럼 행동으로 말하고, 말로써 사람들을 움직이는 참된 어른이 있었기 때문이다. 우리 시대, 우리 사회에도 지금 제2, 제3의 김용기 장로가 필요하다.

10

세계가
가나안농군학교를
부릅니다

가나안농군학교는 현재 라오스, 말레이시아, 미얀마, 방글라데시, 인도, 인도네시아, 중국, 캄보디아, 태국에 15곳이 있다. 2019년 8월, 나는 세계가나안운동본부 총재로 취임하면서 이것을 30개로 넓히겠다고 했다. 그런데 계획이 바뀌었다. 2025년까지 50개로 확대하는 것으로.

새로운 15곳은 어느 정도 준비가 되어 있다. 빠르면 내년, 늦어도 내후년엔 30개로 확대될 수 있을 것으로 보인다.

해외를 다녀보면 가나안농군학교를 하겠다고 요청하는 곳이 의외로 많다. 또 가나안농군학교가 있으면 지역이나 국가가 훨씬 발전할 것 같은 곳도 많다. 무엇보다 해외에 있는 한국인이나 현지인들이 열심히 한다. 다른 일과 마찬가지로 가나안농군학교도 한 사람의 힘으로는 불가능하다. 누군가는 앞에서 이끌어줘야 하고, 누군가는 묵묵히 따라줘야 한다.

나라별·지역별로 다양한 가나안농군학교

가나안농군학교는 천편일률적이지 않고 나라마다 지역마다 방법이나 내용이 조금씩 다르다. 말레이시아의 경우, 교장이 한국인으로 그 지역 전체의 선교사협회 회장을 맡고 있다. 그래서 난민들, 학생들을 몇 백 명씩 가르치는 등 가나안농군학교를 대규모로 운영하고 있다.

운영 규모가 크다 보니 운영 방법도 특별하다. 한국에서도 개인이나 기업 차원에서 많이 돕고 있지만, 말레이시아 가나안농군학교는 특히 현지 실업인회와 협력을 맺고 있다. 20개가 넘는 기업이 가나안농군학교와 협력관계를 맺어 프로젝트도 진행하고, 체육대회도 하고, 다양한 사업을 펼친다. 그래서 이 학교의 교장선생님은 말레이시아에서도 국보급 인물이라 할 수 있다.

필리핀 가나안농군학교는 좀 독특하다. 현지 직원들이 각자 관리하는 시스템으로 어떤 사람은 학교 내 농장에서 소를 키우고, 어떤 이는 양이나 닭을 키운다. 거기서 수익을 내서 자립을 이루는 것이다. 닭을 방목해서 키우기 때문에 이곳의 계란은 일반 계란보다 3~4배 더 비싸고, 거래처도 모두 연결돼 있다. 영양을 고려할 때 가장 저렴하게 얻을 수 있는 재료가 계란이기 때문에 제3세계 국가에서 양계는 큰 의미가 있다.

필리핀 가나안농군학교의 경우, 기업에서도 훈련을 받으러 오고 심지어 천주교에서도 온다. 한국인은 이사장만 맡고 교장까지 현지인이 하고 있을 만큼 학교 자체가 이미 자립적으로 운영되고 있다.

바른 장로

미얀마의 경우는 정권이 불안정해서 좀 어려움이 있다. 초창기엔 한국 가나안농군학교 관계자들이 방문하면 정부 차원에서 레드카펫을 깔아주며 환대를 하고, 김범일 장로님에게 "나라 좀 살려달라"고 부탁할 정도였다. 그런데 정권이 자주 바뀌는 바람에 지속성에 어려움이 있다. 야욕이 있는 지도자, 국민을 사랑하는 지도자, 나라를 바꿔보겠다는 의지가 강한 지도자 등 여러 형태의 지도자가 등장할 때마다 가나안농군학교와의 관계도 달라졌기 때문이다.

미얀마 가나안농군학교에는 공무원들이 정기적으로 교육을 받으러 오는데, 3개월씩 교육을 받고 나가면 그들이 모두 리더가 되었다. 부지만 해도 6만 평이나 되어 계속해서 잘 가꿔나가야 하는데, 내전 상태여서 한국팀이 모두 철수할 수밖에 없었다. 현재는 교육은 현지인들이 스스로 하고 한국에서는 관리비만 보내주고 있는 실정이다.

15곳 중 전반적으로 어려운 3~4곳을 제외하면 대체로 자기 앞가림을 잘하는 편이다. 현지 상황에 맞게, 다양한 방법으로, 최선을 다해 일하기 때문에 가능한 결과다. 한국에서 가나안정신만 불어넣으면 얼마든지 활성화될 수 있는 곳들이다.

해외 가나안농군학교를 가보면 옛날 생각이 참 많이 난다. 불과 40년 전만 해도 우리 형편이 그들과 크게 다르지 않았다. 우리가 어릴 때는 산에 가서 땔감을 마련해 밥을 지어 먹었는데, 그들이 살아가는 방식이 딱 그때의 우리 모습이다. 밥도 제대로 못 먹고 살았던 그때의 우리처럼 모든 시설이나 인프라가 낙후돼 있다.

어느 나라든 '내'가 바뀌면 잘살 수 있다

문제는 '나', 나의 마음 자세다. 그들도 마음 자세만 바뀌면 잘살 수 있다. 스스로 마음 자세를 바꿔 먹으면 나라를 바꿀 수 있다. 나는 우리나라가 오늘처럼 잘살게 된 것은 두 가지 때문이라고 생각한다.

하나는 기독교 복음이 들어왔기 때문이다. 선교사들이 와서 헌신적으로 복음을 전했다. 그분들이 우리의 내면을 일깨웠고, 그들을 통해 전해진 복음이 우리의 내면을 바꿨다. 우리의 삶을 바꿨다.

예수님을 믿으면 부지런해져야 한다. 부지런해야 예수님을 믿는다. 게으르고 나태하다면 예수님을 믿는 것이 아니다. 예수님을 만났다는 말은 정말 열심히 사는 사람이 되었다는 뜻이다. 열심히 일할 때 남을 돕고 나누는 사람이 될 수 있다. 선교사들이 진행한 평양 사경회를 통해 대부흥이 조선에 쏟아졌다. 그것을 북한에서 못하게 하니 남한으로 내려와서 남한이 부흥하게 된 것이다.

우리나라를 오늘처럼 잘살게 만든 두 번째 요인은 김용기 장로님이라고 감히 말하고 싶다. 장로님은 새벽마다 일어나서 깜깜한 밤과 같았던 한국인의 정신을 깨우셨다. 한국의 잠재력을 깨우고 내면을 깨우셨다. 그리고 '이렇게 해야 잘사는 것'이라고 친히 롤 모델이 되어주셨다. 사람들에게

"너는 누구냐?"는 질문을 던지며 체험적 신앙을 강조하셨다. 그분은 전국을 다니며 생활 부흥회를 인도하셨다.

부흥회 하면 보통 기도와 연결되는데, 기도하면 하나님이 다 들어주시고 다 해주신다는 것은 어찌 보면 미신적이고 기복적인 신앙이다. 생활이, 삶이 따라오지 않는 신앙이기 때문이다. 기도는 "하나님, 이것 주십시오"가 아니라 "하나님, 제가 이렇게 하겠습니다" 해야 한다. 하나님의 뜻에 따라 결단하고 행동하는 것이 참된 기도이며, 그것이 기적을 만들었다. 그것이 가나안의 역사이고 우리 민족의 역사다.

기독교인 가운데 간혹 예수님이 교회를 위해 오셨다고 오해하는 사람들이 있는데, 아니다. 예수님은 교회를 위해서 이 땅에 오신 게 아니라 세상을 위해 오셨다. 예수님은 우리에게 교회에서 빛과 소금이 되라고 하신 적이 없다. 세상을 변화시켜 세상에서 소금이 되고 빛이 되라고 하셨다.

복음은 이처럼 폭이 넓다. 복음의 범위는 온 세상이다. 그래서 복음은 사회를 변혁시키는 운동이 될 수 있다. 복음으로 변화된 사람이 결국 세상을 바꾼다. 아무리 세상이 바뀌어도 사람이 바뀌지 않으면 안 된다. 사람이 바뀔 때 세상도 비로소 바뀔 수 있다.

김용기 장로님이 새벽부터 일어나서 바꾸고자 했던 것도 바로 사람, 정신이다. 장로님은 늘 "봉사하자! 희생하자!" 외치고 다니셨는데, 이것은 모두 예수님의 말씀이다. 그러니 세상 사람들이 감동하고 변화하는 것이다.

지금 세계가 가나안농군학교를 원하는 것도 거기에 사람을 바꾸는 힘,

복음이 있기 때문이라고 생각한다. 가나안농군학교는 우리나라에서 했던 옛날 방식을 외국에 그대로 이식하는 것이 아니라 그들이 필요로 하는, 그들에게 꼭 맞는 것을 찾는다. 그리고 그것을 사람의 변화, 복음 전도를 통해서 구체화한다. 그런 점에서 앞으로도 세계가 가나안농군학교를 더욱 필요로 할 것이라 확신한다.

11

다시 사람 키우는 가나안으로

가나안농군학교의 본질은 일이다. 어떤 면에서는 가나안의 역사가 일이었다. 일이 기본이고, 그만큼 중요하다. 일을 떠난 이웃 사랑은 없다. 놀면서 이웃 사랑을 한다고 할 수는 없다. 일하지 않고 번 돈으로 가정이나 이웃 사랑을 실천한다는 것은 어불성설이다. 몸소 일해서 번 돈으로 진짜 사랑을 할 수 있다.

그래서 김용기 장로님은 "한 손엔 성경, 한 손엔 괭이를!"을 부르짖고 다니셨다. 그러니까 영과 육이 다 중요하다는 것이다. 장로님은 부흥회를 다니면서 "영육 부흥"을 외쳤는데, 그것은 곧 생활 부흥이라 할 수 있다. 가장 기본이 되는 생활습관을 바꾸자는 것이다.

신앙이 바로 서면 삶의 열매로 나타나야 한다. 말씀을 듣고 지식은 있는데 삶이 따르지 않는다면 죽은 지식, 가짜 지식이다.

가나안농군학교의 모든 교육은 삶의 교육, 생활 교육이다. 대단한 지식을 제공하거나 엄청난 교육을 시키는 것이 아니라 "네가 그렇게 살았나, 못 살았나"를 강조한다. 그것이 감동을 준다.

지식 교육 vs 삶의 교육

지식 교육은 들을 때는 그럴듯하다. 받아 적고 정리해서 그럴듯하게 말로 따라 할 수도 있다. 하지만 생활에는 전혀 와닿지 않기 때문에 지식 교육은 지식으로 끝나고 만다. 하지만 삶의 교육은 다르다. 그것은 체험, 훈련, 변화를 가져온다.

게으른 사람이 하루아침에 부지런해질 수는 없다. 부지런해지는 과정이 필요한데, 그것이 바로 훈련이다. 마찬가지로 민간인이 하루아침에 군인이 될 수는 없다. 반드시 훈련 과정을 거쳐야 한다. 가나안농군학교의 농군이 농군農軍인 이유다. 가나안농군학교에서는 "네가 군인정신을 가지고 군인처럼 농사를 지으면 안 될 일이 없다"고 가르친다. 군인정신이란 결코 포기하지 않는 것, 사명을 위해 목숨을 바치는 것이 아닌가.

가나안은 개척 정신이다. 개척 정신은 무에서 유를 만드는 것이다. 아무 짝에도 못 쓰는 황무지를 기름진 옥토로 바꾸는 것이다. 그래서 가나안운동은 변혁 운동이다. 하지만 그렇게 만드는 과정은 결코 쉽지 않다. 혁신적 사고가 반드시 필요하다.

가나안농군학교에서는 변화와 혁신을 멀리서 찾지 않고 '나 자신'에게서 찾는다. 내가 바뀔 때 교회도, 사회도, 국가도 바뀔 수 있다고 가르친다.

"내 생각과 가치관이 변화되고, 내가 쓸모없는 사람에서 쓸모 있는 사람으로 바뀔 때 가정도 살리고, 이웃도 살리고, 국가도 살릴 수 있다."

이것이 바로 우리나라가 부강한 나라, 선진국이 된 비결이다.

식민지에서 해방된 지 60~70년 만에 이렇게 놀라운 기적을 만든 나라는 세계에서 유례를 찾아볼 수 없다. 원조를 받던 나라에서 지금은 다른 나라를 원조하는 나라가 되었다. 우리 민족은 DNA 속에 어려운 이웃을 도우려는 정신이 있는 것 같다. 그래서 가난한 나라들을 많이 돕고 있는 것인지도 모른다. 어려운 이웃을 돕기 위해 물질도 보태지만 그들의 정신의 빈곤, 생활의 빈곤을 일깨워야 한다. 빈곤 퇴치는 열심히 일할 때 가능하기 때문이다.

성경에도 "누구든지 일하기 싫어하거든 먹지도 말게 하라"(데살로니가후서 3:10)는 말씀이 나온다. 일하지 않는 사람은 결국 이웃에게 피해를 주게 되어 있다. 게으른 사람이 이웃에겐 두려운 존재다. 도움은커녕 해가 되기 때문이다. 게으르게 살면 나도 망하고 나라도 망한다.

우리도 예전에는 그런 삶을 살았다. 밥만 먹으면 도박하러 나갔던 게으른 과거가 있었다. 이런 국민을 가나안정신으로 일깨워 이렇게 부강한 나라까지 만들었으니, 이제 이것을 가지고 세계로 나가자는 것이다. 그러면 기적이 일어난다.

요즘 청년들은 일자리를 구하기 어렵다고 아우성이다. 그런데 회사 대표들을 만나보면 쓸 만한 사람이 없다고 불만이다. 믿을 수 있는 사람을 못

찾겠다는 것이다. 청년들은 좋은 일자리를 구하고 회사는 믿을 수 있는 사람을 구하는데, 그 접점을 찾기가 만만치 않은 것이 현실이다.

가나안농군학교가 대안학교를 시작하려는 것도 이 때문이다. 가나안농군학교는 기본적으로 인성 교육, 사람 키우는 일을 해왔다. 이제 이것을 요즘 트렌드에 맞게 대안학교, 대학원대학교 형태로 추진하려 한다. 가나안농군학교가 새로운 시대로 접어들고 있는 셈이다.

김용기 장로님은 '세우는 가나안'을, 김범일 장로님은 '지키는 가나안'을 모토로 했다. 김범일 장로님의 경우 아버지의 신앙을 지키고 가나안의 역사성을 지키려다 보니 정작 새로운 도전을 하지는 못했다. 이제 내 앞에 놓인 과제가 바로 그 '도전'이다. 나는 '쓰임받는 가나안'으로 방향을 정했다.

'사람'을 키우는 학교로

예전에는 해외 가나안농군학교를 세우려면 조건이 너무 까다로웠다. 자산을 다 공유해야 했는데, 이는 가나안을 이용해먹는 것을 막기 위한 불가피한 조치였다. 그러니 진입 장벽이 높을 수밖에 없었다. 하지만 나는 거꾸로 하려고 한다. 중요한 것은 가나안의 정신이지 건물이 아니다. 철저히 교육해 '가나안맨'을 만들고 그들이 일하게 하면 가나안은 번창할 수 있다. 그것은 온전히 자신의 몫, 리더의 몫이다. 중요한 것은 그에게 가나안정신이 있느냐 없느냐다.

대안학교나 대학원대학교를 다른 가나안농군학교에서 하려고 해도 시스템이나 인력이 뒷받침되지 않아 사실상 불가능하다. 그래서 내가 있는 영남가나안농군학교에서부터 시작해보려 한다. 영남에서 불을 지펴 대안학교와 대학원대학교가 성공한다면 다른 곳에서는 훨씬 쉬워질 것이다. 그런 시스템으로 가나안농군학교의 역사를 새로 써 내려갈 것이다.

가나안의 대안학교와 대학원대학교에서 인성을 키우고 실력을 키워 졸업장을 준다면 기업이나 사회에서 다양하게 쓰일 수 있을 것이다. 교회에서도 대안학교를 많이 운영하고 있지만, 아직 이렇다 할 롤 모델은 없는 것 같다. 교회의 대안학교라고 해서 신앙만 가르쳐서는 안 된다. 모든 것을 신앙으로만 커버하려고 하니 학생들의 사회 적응도가 떨어져서 취업을 해도 제대로 적응하지 못하는 것이다. 하나님 말씀으로 내면을 튼튼히 만들어 세상의 빛과 소금이 되고 리더도 되게 키워낼 것이다. 또 인성과 사회성을 길러주어 마귀, 사탄도 이기는 강한 능력자들로 키워낼 것이다.

지식으로는 사람이 바뀌지 않는다. 지식이 있다고 해서 실력자도 아니다. 비록 가진 게 조금 없어도 떳떳하고 정직하고 당당한 아이가 결국 앞서가게 되어 있다. 돈부자가 아니라 마음 부자, 자존감 부자, 자신감 부자가 이 세상을 움직이고 세계를 움직인다.

다행히 가나안농군학교는 해외에도 지부가 있다. 이를 통해 가난한 나라에 대한 봉사뿐만 아니라 선진국들과의 교류까지 다방면에 눈뜨게 해야 한다. 교육도 이제 주입식 교육에서 벗어나 토론 교육, 체험 교육을 해야 한다. 그것이 몸에 밴 아이들은 어디에서도 두각을 나타낼 것이다.

물론 정신이 중요하다고 해서 환경을 무시하려는 것은 아니다. 인재를 키우기 위해 건물도 새로 짓고, 인재 육성에 필요한 모든 인프라를 갖춰야 한다. 이제 내가 할 일은 학교를 잘 세워놓는 것이고, 그다음에 학교를 끌어가는 것은 후배들의 몫이다. 나는 인성 쪽, 그러니까 가나안정신을 심어주는 데 집중할 생각이다.

모든 일에는 때가 있다. 내가 투신해서 일을 만들고 벌여나가야 할 때도 있지만 일을 놓아야 할 때도 있다. 사실 일을 하는 것은 쉽지만 그것을 놓기는 어렵다. 그것을 잘하는 게 리더다. 그것을 못 놓으면 결국 노욕이 된다. 판단력이 흐려지고 자기합리화를 하게 된다. 그래서 나를 아는 것이 중요하다.

다행히 가나안농군학교에서 매일 강조하는 것이 "나는 누구인가? 나는 왜 사는가? 나는 앞으로 어떻게 살 것인가?"다. 그런 정신을 가르치고 물려주는 것이 나의 마지막 역할이라 생각한다.